Mystische Dimensionen in den Märchen

Jürgen Wagner

tao.de

1. Auflage (2014)

Autor: Jürgen Wagner
Umschlaggestaltung: tao.de
Umschlagfoto: Ivan Bilibin „Der weiße Reiter“

Printed in Germany

Verlag: tao.de in J. Kamphausen Mediengruppe GmbH, Bielefeld,
www.tao.de, eMail: info@tao.de

Bibliografische Information der Deutschen Nationalbibliothek:
Die Deutsche Nationalbibliothek verzeichnet diese Publikation in der Deutschen Nationalbibliografie; detaillierte bibliografische Daten sind im Internet über http://dnb.d-nb.de abrufbar.

978-3-95802-245-4 (Paperback)
978-3-95802-246-1 (Hardcover)
978-3-95802-247-8 (e-Book)

Inhalt

Die weiße Taube

Vor eines Königs Palast stand ein prächtiger Birnbaum, der trug jedes Jahr die schönsten Früchte, aber wenn sie reif waren, wurden sie in einer Nacht alle geholt, und kein Mensch wusste, wer es getan hatte. Der König aber hatte drei Söhne, davon ward der jüngste für einfältig gehalten, und hieß der Dummling.

Da befahl er dem ältesten, er solle ein Jahr lang alle Nacht unter dem Birnbaum wachen, damit der Dieb einmal entdeckt werde. Der tat das auch und wachte alle Nacht, der Baum blühte und war ganz voll von Früchten, und wie sie anfingen reif zu werden, wachte er noch fleißiger, und endlich waren sie ganz reif und sollten am andern Tage abgebrochen werden; in der letzten Nacht aber überfiel ihn ein Schlaf und er schlief ein, und wie er aufwachte, waren alle Früchte fort, und nur die Blätter noch übrig.

Da befahl der König dem zweiten Sohn ein Jahr zu wachen, dem ging es nicht besser, als dem ersten; in der letzten Nacht konnte er sich des Schlafes gar nicht erwehren, und am Morgen waren die Birnen alle abgebrochen.

Endlich befahl der König dem Dummling ein Jahr zu wachen, darüber lachten alle, die an des Königs Hof waren. Der Dummling aber wachte, und in der letzten Nacht wehrte er sich den Schlaf ab, da sah er, wie eine weiße Taube geflogen kam, eine Birne nach der andern abpickte und fort trug. Und als sie mit der letzten fortflog, stand der Dummling auf und ging ihr nach.

Die Taube flog aber auf einen hohen Berg und verschwand auf einmal in einem Felsenritz. Der Dummling sah sich um, da stand ein kleines graues Männchen neben ihm, zu dem sprach er: »Gott segne dich!« »Gott hat mich gesegnet in diesem Augenblick durch diese deine Worte«, antwortete das Männchen, »denn sie haben mich erlöst, steig du in den Felsen hinab, da wirst du dein Glück finden.«

Der Dummling trat in den Felsen, viele Stufen führten ihn hinunter, und wie er unten hinkam, sah er die Weiße Taube ganz von Spinnweben umstrickt und zugewebt. Wie sie ihn aber erblickte, brach sie hindurch, und als sie den letzten Faden zerrissen, stand eine schöne Prinzessin vor ihm, die hatte er auch erlöst, und sie ward seine Gemahlin und er ein reicher König, und regierte sein Land mit Weisheit.

Märchen der Brüder Grimm

Vorwort

Die Sehnsucht nach Erlösung ist sicher eine der tiefsten in der Menschheit. Und einer der Gründe, warum Märchen erzählt werden, warum es spirituelle Wege gibt, warum es auch so mühevolle Wege wie die Mystik gibt. Volksweisheit und Religion haben vermutlich doch mehr gemeinsam, als das auf den ersten Blick erscheint. Beide bieten Wege und Lösungen an, die nicht immer so weit voneinander entfernt sind: ein einziges Segenswort, eine einzige Begegnung kann, wie unser Eingangsmärchen zeigt, die Erlösung bewirken. Aber ohne Selbstüberwindung und einen Weg in die Weite und Tiefe wird es, wie das Märchen wunderbar schildert, kaum gehen.

Dieses Buch stellt im Folgenden weitere 9 Märchen vor, die mit einer kurzen Auslegung versehen transparent werden für Tiefendimensionen, die man ‚mystisch' nennen kann. Ein leerer Korb mit wunderbaren Sachen (Kap 3), das Wasser des Lebens (Kap 1), mit nichts dastehen (Sterntaler Kap 7), gefangen im Spinnennetz und die Befreiung (die weiße Taube), der Durchbruch zum Stillsein-können (Kap 4), das ‚Koan' einer ‚'blauen

Rose' (Kap 5), was das Leben in Wahrheit von uns verlangt (Frau Holle Kap 9), der reine Geist (Kap 2), die Verführung des kostbaren Geschmeides und die erlösende Kraft des schlichten Ringes (Kap 8), die weise Lehrerin, Prophetin und Behüterin (Kap 6).

Es liegt in der Natur der Sache, dass weitschweifige Ausführungen hier nicht am Platze sind. So bleibt es mehr bei Andeutungen, als dass vollständige Interpretationen gegeben werden. Dies muss kein Mangel sein.

Kurze mystische Texte im Anschluss lassen die Bezüge aufleuchten und stellen vielleicht das eine oder andere Märchen noch einmal in ein anderes Licht, als wir es gewohnt sind.

Mystik (wohl von griech. μύειν die Augen oder Lippen schließen) ist im Kern eine Erfahrung von tiefer Versenkung oder auch spontaner Einheit. Das ist im Kindesalter gar nicht mal so selten. Völlig versunken sein (in ein Spiel) oder sich rundum eins fühlen erleben manche. Eine Erfahrung völliger Gelöstheit ist wahrscheinlich eher einem gefestigten und gereiften Menschen möglich. Die Mystik mündet gesunderweise in einem angemessenen alltäglichen Weg:

„An meinen täglichen Verrichtungen ist nichts Besonderes,
ich bin einfach in natürlichem Einklang mit ihnen.
An nichts mich haltend und auch nichts zurückweisend
finde ich keinen Widerstand und bin nie abgetrennt.
Was soll mir denn der Prunk von purpurnen Gewändern?
Der reine Gipfel ward von keinem Staubkorn je befleckt.
Meine magische Kraft und geistige Übung liegt im Wasserholen
und im Holzhacken."

Plang Yün (Zen-Laie des alten China)

In vielen Kulturen und Religionen ist die Mystik ein spiritueller innerer Weg, der in die Stille führt und erhofftermaßen zu eben diesen Erfahrungen von Tiefe und Frieden, von Freiheit und Einheit.

„Es war einmal – es wird wieder sein" – *Volksmärchen* sind alte und doch zeitlose Erzählungen. In ihrer Bilder- und Symbolsprache schildern sie geheimnisvoll und dramatisch das Lebensschicksal und den Lebensweg in einer Weise, die dem Hörer zu Herzen geht. Die Märchen erreichen ebenfalls eine Tiefe jenseits des Verstandesdenkens - so, dass er es nicht weiß, aber sich danach ausrichten mag und kann. Sie zeigen ihm dabei ungeahnte Lösungswege auf. Deshalb lohnt es sich, gleichsam in den ‚Brunnen' hinabzusteigen und einmal behutsam auszuloten, wohinein sie sprechen oder sprechen können.

Man kann Märchen ebenso wie biblische Geschichten auf mehreren Ebenen lesen oder hören: auf der Erzählebene, auf der symbolischen Ebene, auf der psychologischen Ebene – z.B. Nicht alle, aber manche Geschichten können uns wohl tief und innerlich berühren.

Ivan Bilibin

I. Die Suche

Ivan Bilibin

Das Wasser des Lebens

Es war einmal ein König, der war krank, und niemand glaubte, dass er mit dem Leben davonkäme. Er hatte aber drei Söhne, die waren darüber betrübt, gingen hinunter in den Schlossgarten und weinten. Da begegnete ihnen ein alter Mann, der fragte sie nach ihrem Kummer. Sie sagten ihm, ihr Vater wäre so krank, dass er wohl sterben würde, denn es wollte ihm nichts helfen. Da sprach der Alte 'ich weiß ein Mittel, das ist das Wasser des Lebens, wenn er davon trinkt, so wird er wieder gesund: es ist aber schwer zu finden.' Der älteste sagte 'ich will es schon finden,' ging zum kranken König und bat ihn, er möchte ihm erlauben auszuziehen, um das Wasser des Lebens zu suchen, denn das könnte ihn allein heilen. 'Nein,' sprach der König, 'die Gefahr dabei ist zu groß, lieber will ich sterben.' Er bat aber so lange, bis der König einwilligte. Der Prinz dachte in seinem Herzen 'bringe ich das Wasser, so bin ich meinem Vater der liebste und erbe das Reich.'

Also machte er sich auf, und als er eine Zeitlang fortgeritten war, stand da ein Zwerg auf dem Wege, der rief ihn an und sprach 'wo hinaus so geschwind?, 'Dummer Knirps,' sagte der Prinz ganz stolz, 'das brauchst du nicht zu wissen,' und ritt weiter. Das kleine Männchen aber war zornig geworden und hatte einen bösen Wunsch getan. Der Prinz geriet bald hernach in eine Bergschlucht, und je weiter er ritt, je enger taten sich die Berge zusammen, und endlich ward der Weg so eng, dass er keinen Schritt weiter konnte; es war nicht möglich, das Pferd zu wenden oder aus dem Sattel zu steigen, und er saß da wie eingesperrt. Der kranke König wartete lange Zeit auf ihn, aber er kam nicht. Da sagte der zweite Sohn 'Vater, lasst mich ausziehen und das Wasser suchen,' und dachte bei sich 'ist mein Bruder tot, so fällt das Reich mir zu.' Der König wollt ihn anfangs auch nicht ziehen lassen, endlich gab er nach. Der Prinz zog also auf demselben Weg fort, den sein Bruder eingeschlagen hatte, und begegnete auch dem Zwerg, der ihn anhielt und fragte, wohin er so eilig wollte. 'Kleiner Knirps,' sagte der Prinz, 'das brauchst du nicht zu wissen,' und ritt fort, ohne sich weiter umzusehen. Aber der Zwerg verwünschte ihn, und er geriet wie der andere in eine Bergschlucht und konnte nicht vorwärts und rückwärts. So geht's aber den Hochmütigen.

Als auch der zweite Sohn ausblieb, so erbot sich der jüngste, auszuziehen und das Wasser zu holen, und der König musste ihn endlich ziehen lassen. Als er dem Zwerg begegnete und dieser fragte, wohin er so eilig wolle, so hielt er an, gab ihm Rede und Antwort und sagte 'ich suche das Wasser des Lebens, denn mein Vater ist sterbenskrank.' 'Weißt du auch, wo das zu finden ist?, 'Nein,' sagte der Prinz. 'Weil du dich betragen hast, wie sich's geziemt, nicht übermütig wie deine falschen Brüder, so will ich dir Auskunft geben und dir sagen, wie du zu dem Wasser des Lebens gelangst. Es quillt aus einem Brunnen in dem Hofe eines verwünschten Schlosses, aber du dringst nicht hinein, wenn ich dir nicht eine eiserne Rute gebe und zwei Laiberchen Brot. Mit der Rute schlag dreimal an das eiserne Tor des Schlosses, so wird es aufspringen: inwendig liegen zwei Löwen, die den Rachen aufsperren, wenn du aber jedem ein Brot hineinwirfst, so werden sie still, und dann eile dich und hol von dem Wasser des Lebens, bevor es zwölf schlägt, sonst schlägt das Tor wieder zu und du bist eingesperrt.' Der Prinz dankte ihm, nahm die Rute und das Brot, und machte sich auf den Weg. Und als er anlangte, war alles so, wie der Zwerg gesagt hatte. Das Tor sprang beim dritten Rutenschlag auf, und als er die Löwen mit dem Brot gesänftigt hatte, trat er in das Schloss und kam in einen großen schönen Saal: darin saßen verwünschte Prinzen, denen zog er die Ringe vom Finger, dann lag da ein Schwert und ein Brot, das nahm er weg. Und weiter kam er in ein Zimmer, darin stand eine schöne Jungfrau, die freute sich, als sie ihn sah, küsste ihn und sagte, er hätte sie erlöst und sollte ihr ganzes Reich haben, und wenn er in einem Jahre wiederkäme, so sollte ihre Hochzeit gefeiert werden. Dann sagte sie ihm auch, wo der Brunnen wäre mit dem Lebenswasser, er müsste sich aber eilen und daraus schöpfen, eh es zwölf schlüge. Da ging er weiter und kam endlich in ein Zimmer, wo ein schönes frischgedecktes Bett stand, und weil er müde war, wollt er erst ein wenig ausruhen. Also legte er sich und schlief ein: als er erwachte, schlug es dreiviertel auf zwölf. Da sprang er ganz erschrocken auf, lief zu dem Brunnen und schöpfte daraus mit einem Becher, der daneben stand, und eilte, dass er fortkam. Wie er eben zum eisernen Tor hinausging, da schlug's zwölf, und das Tor schlug so heftig zu, dass es ihm noch ein Stück von der Ferse wegnahm.

Er aber war froh, dass er das Wasser des Lebens erlangt hatte, ging heimwärts und kam wieder an dem Zwerg vorbei. Als dieser das Schwert und das Brot sah, sprach er 'damit hast du großes Gut gewonnen, mit dem Schwert kannst du ganze Heere schlagen, das Brot aber wird niemals all.' Der Prinz wollte ohne seine Brüder nicht zu dem Vater nach Haus kommen und sprach 'lieber Zwerg, kannst du mir nicht sagen, wo meine zwei Brüder sind? sie sind früher als ich nach dem Wasser des Lebens ausgezogen und sind nicht wiedergekommen.' 'Zwischen zwei Bergen stecken sie eingeschlossen,' sprach der Zwerg, 'dahin habe ich sie verwünscht, weil sie so übermütig waren.' Da bat der Prinz so lange, bis der Zwerg sie wieder losließ, aber er warnte ihn und sprach 'hüte dich vor ihnen, sie haben ein böses Herz.'

Als seine Brüder kamen, freute er sich und erzählte ihnen, wie es ihm ergangen wäre, dass er das Wasser des Lebens gefunden und einen Becher voll mitgenommen und eine schöne Prinzessin erlöst hätte, die wollte ein Jahr lang auf ihn warten, dann sollte Hochzeit gehalten werden, und er bekäme ein großes Reich. Danach ritten sie zusammen fort und gerieten in ein Land, wo Hunger und Krieg war, und der König glaubte schon, er müsste verderben, so groß war die Not. Da ging der Prinz zu ihm und gab ihm das Brot, womit er sein ganzes Reich speiste und sättigte: und dann gab ihm der Prinz auch das Schwert, damit schlug er die Heere seiner Feinde und konnte nun in Ruhe und Frieden leben. Da nahm der Prinz sein Brot und Schwert wieder zurück, und die drei Brüder ritten weiter. Sie kamen aber noch in zwei Länder, wo Hunger und Krieg herrschten, und da gab der Prinz den Königen jedes Mal sein Brot und Schwert, und hatte nun drei Reiche gerettet. Und danach setzten sie sich auf ein Schiff und fuhren übers Meer. Während der Fahrt, da sprachen die beiden ältesten unter sich 'der jüngste hat das Wasser des Lebens gefunden und wir nicht, dafür wird ihm unser Vater das Reich geben, das uns gebührt, und er wird unser Glück wegnehmen.' Da wurden sie rachsüchtig und verabredeten miteinander, dass sie ihn verderben wollten. Sie warteten, bis er einmal fest eingeschlafen war, da gossen sie das Wasser des Lebens aus dem Becher und nahmen es für sich, ihm aber gossen sie bitteres Meerwasser hinein.

Als sie nun daheim ankamen, brachte der jüngste dem kranken König seinen Becher, damit er daraus trinken und gesund werden sollte. Kaum aber hatte er ein wenig von dem bittern Meerwasser getrunken, so ward er noch kränker als zuvor. Und wie er darüber jammerte, kamen die beiden ältesten Söhne und klagten den jüngsten an, er hätte ihn vergiften wollen, sie brächten ihm das rechte Wasser des Lebens und reichten es ihm. Kaum hatte er davon getrunken, so fühlte er seine Krankheit verschwinden, und war stark und gesund wie in seinen jungen Tagen. Danach gingen die beiden zu dem jüngsten, verspotteten ihn und sagten 'du hast zwar das Wasser des Lebens gefunden, aber du hast die Mühe gehabt und wir den Lohn; du hättest klüger sein und die Augen aufbehalten sollen, wir haben dir's genommen, während du auf dem Meere eingeschlafen warst, und übers Jahr, da holt sich einer von uns die schöne Königstochter. Aber hüte dich, dass du nichts davon verrätst, der Vater glaubt dir doch nicht, und wenn du ein einziges Wort sagst, so sollst du noch obendrein dein Leben verlieren, schweigst du aber, so soll dir's geschenkt sein.'

Der alte König war zornig über seinen jüngsten Sohn und glaubte, er hätte ihm nach dem Leben getrachtet. Also ließ er den Hof versammeln und das Urteil über ihn sprechen, dass er heimlich sollte erschossen werden. Als der Prinz nun einmal auf die Jagd ritt und nichts Böses vermutete, musste des Königs Jäger mitgehen. Draußen, als sie ganz allein im Wald waren, und der Jäger so traurig aussah, sagte der Prinz zu ihm 'lieber Jäger, was fehlt dir?' Der Jäger sprach 'ich kann's nicht sagen und soll es doch.' Da sprach der Prinz 'sage heraus, was es ist, ich will dir's verzeihen.' 'Ach', sagte der Jäger, 'ich soll Euch totschießen, der König hat mir's befohlen.' Da erschrak der Prinz und sprach 'lieber Jäger, lass mich leben, da geb ich dir mein königliches Kleid, gib mir dafür dein schlechtes.' Der Jäger sagte 'das will ich gerne tun, ich hätte doch nicht nach Euch schießen können.' Da tauschten sie die Kleider, und der Jäger ging heim, der Prinz aber ging weiter in den Wald hinein.

Über eine Zeit, da kamen zu dem alten König drei Wagen mit Gold und Edelsteinen für seinen jüngsten Sohn: sie waren aber von den drei Königen geschickt, die mit des Prinzen Schwert die Feinde geschlagen und mit seinem Brot ihr Land ernährt hatten, und die sich dankbar bezeigen wollten. Da dachte der alte König 'sollte mein Sohn unschuldig gewesen sein?, und sprach zu seinen Leuten 'wäre er noch am Leben, wie tut mir's so leid, dass ich ihn habe töten lassen.' 'Er lebt noch', sprach der Jäger, 'ich konnte es nicht übers Herz bringen, Euern Befehl auszuführen,' und sagte dem König, wie es zugegangen war. Da fiel dem König ein Stein von dem Herzen, und er ließ in allen Reichen verkündigen, sein Sohn dürfte wiederkommen und sollte in Gnaden aufgenommen werden.

Die Königstochter aber ließ eine Straße vor ihrem Schloss machen, die war ganz golden und glänzend, und sagte ihren Leuten, wer darauf geradeswegs zu ihr geritten käme, das wäre der rechte, und den sollten sie einlassen, wer aber daneben käme, der wäre der rechte nicht, und den sollten sie auch nicht einlassen. Als nun die Zeit bald herum war, dachte der älteste, er wollte sich eilen, zur Königstochter gehen und sich für ihren Erlöser ausgeben, da bekäme er sie zur Gemahlin und das Reich daneben. Also ritt er fort, und als er vor das Schloss kam und die schöne goldene Straße sah, dachte er 'das wäre jammerschade, wenn du darauf rittest,' lenkte ab und ritt rechts nebenher. Wie er aber vor das Tor kam, sagten die Leute zu ihm, er wäre der rechte nicht, er sollte wieder fortgehen. Bald darauf machte sich der zweite Prinz auf, und wie der zur goldenen Straße kam und das Pferd den einen Fuß daraufgesetzt hatte, dachte er 'es wäre jammerschade, das könnte etwas abtreten,' lenkte ab und ritt links nebenher. Wie er aber vor das Tor kam, sagten die Leute, er wäre der rechte nicht, er sollte wieder fortgehen. Als nun das Jahr ganz herum war, wollte der dritte aus dem Wald fort zu seiner

Liebsten reiten und bei ihr sein Leid vergessen. Also machte er sich auf, und dachte immer an sie und wäre gerne schon bei ihr gewesen, und sah die goldene Straße gar nicht. Da ritt sein Pferd mitten darüber hin, und als er vor das Tor kam, ward es aufgetan, und die Königstochter empfing ihn mit Freuden und sagte, er wär ihr Erlöser und der Herr des Königreichs, und ward die Hochzeit gehalten mit großer Glückseligkeit. Und als sie vorbei war, erzählte sie ihm, dass sein Vater ihn zu sich entboten und ihm verziehen hätte. Da ritt er hin und sagte ihm alles, wie seine Brüder ihn betrogen und er doch dazu geschwiegen hätte. Der alte König wollte sie strafen, aber sie hatten sich aufs Meer gesetzt und waren fortgeschifft und kamen ihr Lebtag nicht wieder.

Märchen der Brüder Grimm

Das Märchen hat einen klassischen Aufbau und ein klassisches Thema: die Quest, die Heldenreise (vgl. Die goldene Gans, Die weiße Taube u.v.a.m.).

Es herrscht Not. 3 ‚Helden' sind da, denen die Bewältigung aufgetragen wird. In unserem Märchen: der Königsvater ist sterbenskrank, seine Söhne sollen ihm das Heilmittel bringen.

Der älteste Sohn ist sehr zuversichtlich, aber leichtfertig. Er wird getragen von dem egoistischen Motiv, dereinst *vor* seinen Brüdern das Königreich zu erben. In der Begegnung mit dem Zwerg zeigt sich seine ganze Unreife: er ist zu stolz, um sich auf diesen Kleinen einzulassen und äußert sich herablassend. Sein Weg endet in einer Sackgasse.

Der mittlere Sohn verhält sich genauso. Einzig der jüngste ist anders. Er macht eigentlich nichts Heroisches, nur dies, dass er als Prinz sich mit dem Zwerg auf gleicher Ebene unterhält, ‚Rede und Antwort gibt' und dadurch den wertvollen Hinweis bekommt, wo das Heilmittel zu finden ist und wie er es erlangen kann. Ihm kann der kleine Wissende und Hüter der großen Schätze der Natur dienen.

Die Botschaft des Märchens ist klar und direkt: selbst wenn man vor fast unlösbare Probleme gestellt wird, gibt es einen Weg und meist auch eine Hilfe. Nur darf man nicht hochmütig sein und zu begehrlich, wodurch man taub und blind wird für die Hilfe, die einem begegnet.

Das Besondere dieser Erzählung liegt in der Metaphorik des ‚Lebenswassers'. Das ist ein Bild, das nicht nur in Märchen, sondern auch im Neuen Testament vorkommt. Dort ist sehr deutlich, was damit gemeint ist. Wasser hat ja die Fähigkeit aufzunehmen (z.B. Schmutz), es mit sich zu nehmen und dadurch zu reinigen. Bei der Begegnung Jesu mit der Samariterin am ‚Brunnen' sagt Jesus: „Wenn du wüsstest, worin die Gabe Gottes besteht und wer es ist, der zu dir sagt: Gib mir zu trinken!, dann hättest du ihn gebeten, und er hätte dir lebendiges Wasser gegeben" (Joh4/10). Auch hier ist der Geber geheimnisvoll und die Antwort zeigt, dass es eine Möglichkeit gäbe, das Lebensproblem der Frau zu lösen, (ihre Beziehungen nämlich V 17f), so dass sie frei und neu ins Leben findet. Das Wasser des Lebens steht hier für die Bereinigung und Erneuerung des Lebens. Erst wenn die Hauptnot einmal ‚weggespült' wird und alles gereinigt und vielleicht geheilt ist, kann der Mensch ein neues Leben beginnen.

Die neutestamentliche Symbolik passt auch auf das Märchen, auch in der gemeinsamen Brunnen-Symbolik. Dieses geheimnisvolle Wasser ist nicht so ohne weiteres zu finden. Durch den ‚Brunnen' wird angedeutet, dass es mit der Tiefe (des eigenen Lebens, der eigenen Seele) zu tun hat. Und man muss, wie das

Märchen zeigt, eine große Anstrengung unternehmen, Gefahren bestehen und Schwierigkeiten überwinden, um es zu bekommen. Unserem Held im Märchen gelingt dies zum großen Teil. Doch auch er wird zuletzt schwach und müde und legt sich trotz Warnung kurz mal hin. Es gelingt ihm glücklicherweise trotzdem, das Wasser mitzunehmen, aber das Nachgeben hat seinen Preis: ein Teil der Ferse bleibt im Tor hängen. Also auch *er* verliert an Halt und Kraft.

Doch ist die Rückkehr aus dem ‚verwunschenen Schloss', aus diesem geheimnisvollen, sehr geschützten Ort nicht leicht. Der Übergang vom Arkanum ins Profanum, von heiligen in die alltäglichen Bereiche ist auch mit vielen Schwierigkeiten gepflastert. Wo einer meint, er hätte es, ist es noch lange nicht vollendet. Aber es geht dann letztendlich glücklich aus.

Es ist eine Lebenserfahrung, dass das, was einem hilft, was einen heilt, oft langwierig gesucht werden muss und einem oft alles abverlangt. Das Märchen besticht durch seine Weite, weil es *in dem einem Bild* des todkranken Vaters eine Situation anspricht, die jeder versteht. Welcher Art eines jeden Menschen Krankheit ist, darüber wird er selbst stolpern. Und welchem weisen ‚Zwerg' er vielleicht begegnet, welchen eigenen Schattenseiten (die älteren Brüder), welches ‚verwunschene Schloss' er aufsuchen muss – vieles ist hier verschlüsselt für unsere Seele angesprochen.

Was das Wasser des Lebens für den Einzelnen oder für eine Gemeinschaft jeweils ist, *wie* und *wo* man es bekommt, ist nicht sagbar: es ist eine Sache der (großen) Suche.

Das Muster in der Religion ist überraschenderweise weitgehend deckungsgleich mit dem dieser Aufbruch-Märchen. Auch hier wird etwas gesucht: das Reich Gottes, der Gott, der den Menschen von allen Verfehlungen und Sünden reinwaschen und ihn zu einem neuen gelingenden Leben befähigen soll. Dass das nicht einfach ist und einen langen Weg mit vielen Schwierigkeiten beinhaltet, weiß jeder, der sich auf einen solchen Weg gemacht hat.

Wie in der Mystik dieser Weg und die Lösung angesprochen wird, zeigen wir am Beispiel des islamischen Mystikers, Hazrat Inayat Khan (1882-1927):

Ich suchte Dich,
doch konnte ich Dich nicht finden.
Ich rief laut nach Dir vom Minarett.
Ich läutete die Tempelglocke beim Aufgang und Untergang der Sonne,
ich badete vergebens im Ganges,
enttäuscht kam ich
von der Kaaba zurück.

Ich schaute mich um auf der Erde,
ich suchte nach Dir im Himmel, mein Geliebter,
aber zuletzt habe ich Dich gefunden
als verborgene Perle
in der Muschel
meines Herzens.

Es sei am Schluss nicht verschwiegen, dass es in der Mystik auch den Ansatz gibt, die Suche zu beenden und *dadurch* Frieden zu finden. Als Beispiel zitieren wir Ken Wilber (* 1949, The Eye of Spirit):

Wenn wir wirklich wach verweilen,
in der einfachen und klaren immer-gegenwärtigen Bewusstheit,
verweilen wir im großen Ungeborenen, verweilen im innersten Geist,
ruhen in der uranfänglichen Leere, in der unbegrenzten Freiheit.

Wenn wir wirklich wach verweilen,
als aufmerksame Zeugen, ist die große Suche vorbei.
Denn die große Suche ist der Feind, des immer gegenwärtigen Geistes,
eine grausame Lüge ins Angesicht der freundlichen Unendlichkeit.

Ob das so ist, ob man das halten kann und dadurch auf Dauer aus seinen unguten Abhängigkeiten herauskommt oder ob der Schuh dann immer noch drückt, mag jeder selbst prüfen, wenn er an diesen Ort der Stille geht.

Im Märchen wäre der König – nach einer Zeit im ‚Samadhi' (einem erleuchteten seligen Zustand) – wohl einfach friedvoll gestorben – wenn nicht noch ein Wunder passiert wäre... .

2. Reinheit des Herzens und des Geistes

Heinrich Vogeler

Die goldene Gans

Es war ein Mann, der hatte drei Söhne, davon hieß der jüngste der Dummling und wurde verachtet und verspottet und bei jeder Gelegenheit zurückgesetzt. Es geschah, dass der älteste in den Wald gehen wollte, Holz hauen, und eh' er ging, gab ihm noch seine Mutter einen schönen feinen Eierkuchen und eine Flasche Wein mit, damit er nicht Hunger und Durst litte. Als er in den Wald kam, begegnete ihm ein altes, graues Männlein, das bot ihm einen guten Tag und sprach: "Gib mir doch ein Stück Kuchen aus deiner Tasche und lass mich einen Schluck von deinem Wein trinken! Ich bin so hungrig und durstig." Der kluge Sohn aber antwortete: "Geb ich dir meinen Kuchen und meinen Wein, so hab ich selber nichts, pack dich deiner Wege!" ließ das Männlein stehen und ging fort. Als er nun anfing, einen Baum zu behauen, dauerte es nicht lange, so hieb er fehl, und die Axt fuhr ihm in den Arm, dass er musste heimgehen und sich verbinden lassen. Das war aber von dem grauen Männchen gekommen.

Darauf ging der zweite Sohn in den Wald, und die Mutter gab ihm, wie dem ältesten, einen Eierkuchen und eine Flasche Wein. Dem begegnete gleichfalls das alte, graue Männchen und hielt um ein Stückchen Kuchen und einen Trunk Wein an. Aber der zweite Sohn sprach auch ganz verständig: "Was ich dir gebe, das geht mir selber ab, pack dich deiner Wege!" ließ das Männlein stehen und ging fort. Die Strafe blieb nicht aus, als er ein paar Hiebe am Baum getan, hieb er sich ins Bein, dass er musste nach Haus getragen werden.

Da sagte der Dummling: "Vater, lass mich einmal hinausgehen und Holz hauen!" Antwortete der Vater: "Deine Brüder haben sich Schaden dabei getan, lass dich davon, du verstehst nichts davon." Der Dummling aber bat so lange, bis er endlich sagte: "Geh nur hin, durch Schaden wirst du klug werden." Die Mutter gab ihm einen Kuchen, der war mit Wasser in der Asche gebacken, und dazu eine Flasche saures Bier. Als er in den Wald kam, begegnete ihm gleichfalls das alte, graue Männchen, grüßte ihn und sprach: "Gib mir ein Stück von deinem Kuchen und einen

Trunk aus deiner Flasche, ich bin so hungrig und durstig." Antwortet der Dummling: " Ich habe nur Aschenkuchen und saures Bier, wenn dir das recht ist, so wollen wir uns setzen und essen." Da setzten sie sich, und als der Dummling seinen Aschenkuchen herausholte, so war's ein feiner Eierkuchen, und das saure Bier war ein guter Wein. Nun aßen und tranken sie, und danach sprach das Männlein: "Weil du ein gutes Herz hast und von dem deinigen gerne mitteilst, so will ich dir Glück bescheren. Dort steht ein alter Baum, den hau ab, so wirst du in den Wurzeln etwas finden." Darauf nahm das Männlein Abschied.

Der Dummling ging hin und hieb den Baum um, und wie er fiel, saß in den Wurzeln eine Gans, die hatte Federn von reinem Gold. Er hob sie heraus, nahm sie mit sich und ging in ein Wirtshaus, da wollte er übernachten. Der Wirt hatte aber drei Töchter, die sahen die Gans, waren neugierig, was das für ein wunderlicher Vogel wäre, und hätten gar gern eine von seinen goldenen Federn gehabt. Die älteste dachte: Es wird sich schon eine Gelegenheit finden, wo ich mir eine Feder ausziehen kann. Und als der Dummling einmal hinaus gegangen war, fasste sie die Gans beim Flügel aber Finger und Hand blieben ihr daran fest hängen. Bald hernach kam die zweite und hatte keinen andern Gedanken, als sich eine goldene Feder zu holen, kaum aber hatte sie ihre Schwester angerührt, so blieb sie fest hängen. Endlich kam auch die dritte in der gleichen Absicht. Da schrien die andern: "Bleib weg, um Himmels Willen bleib weg!" Aber sie begriff nicht, warum sie wegbleiben sollte, dachte: Sind die dabei so kann ich auch dabei sein und sprang hinzu, und wie sie ihre Schwester angerührt hatte, so blieb sie an ihr hängen. So mussten sie die Nacht bei der Gans zubringen.

Am anderen Morgen nahm der Dummling die Gans in den Arm ging fort und kümmerte sich nicht um die drei Mädchen, die daran hingen. Sie mussten immer hinter ihm drein laufen, links und rechts, wie's ihm in die Beine kam. Mitten auf dem Felde begegnete ihnen der Pfarrer, und als er den Aufzug sah, sprach er: "Schämt euch, ihr garstigen Mädchen, was lauft ihr dem jungen Bursch durchs Feld nach, schickt sich das?"

Hüften weh taten, und ehe ein Tag herum war, hatte er den ganzen Keller ausgetrunken.

Der Dummling verlangte abermals seine Braut, der König aber ärgerte sich, dass ein schlechter Bursch, den jedermann einen Dummling nannte, seine Tochter davontragen sollte, und machte neue Bedingungen: Er müsste erst einen Mann schaffen, der einen Berg voll Brot aufessen könnte. Der Dummling besann sich nicht lange, sondern ging gleich hinaus in den Wald. Da saß auf demselben Platz ein Mann, der schnürte sich den Leib mit einem Riemen zusammen, machte ein grämliches Gesicht und sagte: "Ich habe einen ganzen Backofen voll Raspelbrot gegessen, aber was hilft das, wenn man so großen Hunger hat wie ich. Mein Magen bleibt leer, und ich muss ihn zuschnüren, wenn ich nicht Hungers sterben soll." Der Dummling war froh darüber und sprach: "Mach dich auf und geh mit mir, du sollst dich satt essen!" Er führte ihn an den Hof des Königs, der hatte alles Mehl aus dem ganzen Reich zusammenfahren und einen ungeheuren Berg davon bauen lassen; der Mann aber aus dem Walde stellte sich davor, fing an zu essen, und in einem Tag war der ganze Berg verschwunden. Der Dummling forderte zum dritten Mal seine Braut. Der König aber suchte noch einmal Ausflucht und verlangte ein Schiff, das zu Land und zu Wasser fahren könnt. "Sowie du aber damit angesegelt kommst", sagte er, "sollst du gleich meine Tochter zur Gemahlin haben." Der Dummling ging geraden Weges in den Wald, da saß das alte, graue Männchen, dem er seinen Kuchen gegeben hatte, und sagte: "Ich habe für dich getrunken und gegessen, ich will dir auch das Schiff geben; das alles tu ich, weil du barmherzig gegen mich gewesen bist" Da gab er ihm das Schiff, das zu Land und zu Wasser fuhr, und als der König das sah, konnte er ihm seine Tochter nicht länger vorenthalten.

Die Hochzeit ward gefeiert; nach des Königs Tod erbte der Dummling das Reich und lebte lange Zeit vergnügt mit seiner Gemahlin.

Märchen der Brüder Grimm

Der Dummling ist ein Typos, der in etlichen Märchen vorkommt (Hans im Glück, Die Bienenkönigin, Vogel Greif, Die jungfräuliche Königin u.a.m.). Er verkörpert, wie unser Märchen zeigt, vor allem den, der nicht egoistisch ist und handelt. Sein Intellekt mag beschränkt sein, aber sein Herz ist rein – und seine Möglichkeiten fast unendlich. Er ist nicht der Intellektuelle, aber sein Geist ist doch klar. Ohne Umschweife geht er auf die Dinge zu (die Gans, die Königstochter), und: er verhält sich der Situation angemessen. In dieser Direktheit liegt eines seiner Geheimnisse.

Die Typologie ist weit gestreut: von der Seligpreisung Jesu der geistig Armen zum Narren des Tarot, von Sprichwörtern (‚Die dümmsten Bauern ernten die dicksten Kartoffeln') zum Karneval, von literarischen Gestalten wie Till Eulenspiegel bis zum Hofnarren des Mittelalters als institutionalisierter Möglichkeit von Herrschaftskritik.

Dem Dummling gehört, in der Sprache des Neuen Testamentes, das Himmelreich: „Selig sind die Armen im Geiste, ihnen gehört das Himmelreich" (Mt 5/3); „Wenn ihr nicht euren Sinn ändert und werdet wie die Kinder, werdet ihr nicht ins Himmelreich kommen" (Mt 18/3).

Warum ist das so? Der Dummling gewinnt die goldene Gans und die Königstochter, seine Brüder nicht. Die goldene ‚Gans' selbst ist ein wunderbares Symbol für das Göttliche, für die Einfalt (Einheit), Klarheit und Schönheit. Versucht der Mensch sie habgierig zu ergreifen, bleibt er daran kleben, wie das Märchen eindrucksvoll zeigt. Hat er sich von Egoismus und Haben-wollen gelöst oder ist er selbst in innerer Einfalt und Klarheit, kann er sie im Arm davontragen. Unser ‚Held' ist nicht bodenlos dumm, wie man meinen könnte, er tut selbstverständlich das, was sein Herz ihm sagt. Dadurch bekommt er große Hilfe - und dadurch gewinnt er, was eigentlich menschenunmöglich ist.

Im Blick auf die Mystik ist dies insofern bedeutsam, als die Herzensreinheit eine Grundvoraussetzung ist für ein klares Leben und Sein. Das Befangensein im Egoismus ist ein Grundhindernis für Klarheit, Verbundenheit und inneres Wachstum. Darin sind sich Mystik, Religion und Märchen sehr einig. Dazu gehören nicht nur egoistische Verhaltensweisen, sondern auch festgefügte (Vor-)Urteile und Denkgewohnheiten. Auch im Geistigen muss man sich erst einmal reinigen, sich lösen und still werden. Mystiker und Weise in allen Kulturen sprechen dies an. Das, was man normalerweise als ‚Einfalt' für dümmlich erachtet, wird für den Wissenden zu einem höchsten Attribut. Es ist der gesammelte, im Geiste offene Mensch, der mit und in sich eins ist und der so ‚das Göttliche' zum Ausdruck bringen kann.

Je lauterer, entblößter und ärmer der Mensch und je mehr er entleert ist von allen Dingen, um so reiner erfasst er Gott und um so mehr wird er eins mit Gott.

Du sollst Gott erkennen ohne Bild, ohne Mittel, ohne Gleichnis.

Meister Eckhart (1260-1328)

Ist deine Seele Magd   und wie Maria rein,
so muss sie augenblicks   von Gotte schwanger sein.

Ich bin nicht außer Gott und Gott nicht außer mir;
Ich bin sein Glanz und Licht, und er ist meine Zier.

Die Ros' ist ohn Warum, sie blühet, weil sie blühet,
sie acht' nicht ihrer selbst, fragt nicht, ob man sie siehet.

Angelus Silesius (1624-1677)

3. Blindheit

Heinrich Vogeler

Der Korb mit den wunderbaren Sachen

Es war einmal ein Mann, der hatte eine wunderbare Rinderherde. Alle Tiere trugen ein schwarzweißes Fell; das war geheimnisvoll wie die Nacht. Der Mann liebte seine Kühe und führte sie immer auf die besten Weiden. Wenn er abends die Tiere beobachtete, wie sie zufrieden waren und wiederkäuten, dachte er: "Morgen früh werden sie viel Milch geben!" Eines Morgens jedoch, als er seine Kühe melken wollte, waren die Euter schlaff und leer. Er glaubte, es habe an Futter gefehlt, und führte seine Herde am nächsten Tag auf saftigen Weidegrund. Er sah, wie die Kühe sich satt fraßen und zufrieden waren, aber am folgenden Morgen hingen die Euter wieder schlaff und leer. Da trieb er sie nochmals auf eine neue Weide, doch auch diesmal gaben sie keine Milch.

Jetzt legte er sich auf die Lauer und beobachtete das Vieh. Als um Mitternacht der Mond weiß am Himmel stand, sah er, wie sich eine Strickleiter von den Sternen heruntersenkte. Auf ihr schwebten sanft und weich junge Frauen aus dem Himmelsvolk herab. Sie waren schön und fröhlich, lachten einander leise zu und gingen zu den Kühen, um sie leer zu melken. Als der Hirt das sah, sprang er auf und wollte sie fangen. Die Frauen aber stoben auseinander und flohen zum Himmel hinauf. Es gelang ihm aber, eine von ihnen festzuhalten, die allerschönste. Er behielt sie bei sich und machte sie zu seiner Frau.

Täglich ging von da an seine Frau auf die Felder, während er weiterhin das Vieh hütete. Die gemeinsame Arbeit machte sie reich, und er dünkte sich glücklich. Eines aber quälte ihn: als er seine Frau eingefangen hatte, trug sie einen Korb bei sich. "Niemals darfst du da hineinschauen!" hatte sie gesagt. "Wenn du es dennoch tust, wird uns beide großes Unglück treffen."

Nach einiger Zeit vergaß der Mann sein Versprechen. Als seine Frau heimkehrte, wusste sie sofort was geschehen war. Sie schaute ihn an und sagte weinend: "Du hast in den Korb geschaut!" Der Mann aber lachte nur und sagte: "Du dummes Weib, was soll das Geheimnis um diesen Korb?

Da ist ja gar nichts drin!" Aber noch während er dies sagte, wendete sie sich von ihm ab, ging in den Sonnenuntergang und ward auf Erden nie wieder gesehen.

Und wisst ihr, warum sie wegging? Sie ging nicht, weil er sein Versprechen gebrochen hatte; sie ging, weil er die schönen Sachen, die sie für ihr beider Leben vom Himmel mitgebracht hatte, nicht sehen konnte und darüber sogar noch lachte.

Märchen aus Afrika

Was macht den Menschen blind? Das Märchen gibt in seiner bildreichen Sprache eine ganz klare und einfache Antwort: seine begehrliche Erwartung, seine Berechnung. Wohl liebt der Mann seine Kühe und tut alles für sie, aber er meint: "Morgen früh werden sie viel Milch geben!" Und: ‚ich habe alles getan – und morgen werde ich den Erfolg ernten‘.

Das geht über die Hoffnung hinaus. Diese Art des Berechnens macht blind für das, wie das Leben eigentlich seinen Weg geht und gehen möchte. Er vertraut nicht auf den Gang der Dinge, er lässt nicht los sondern greift schon voraus. Wohl gewinnt er noch die himmlische Frau, doch auch sie kann er nicht halten, da er wieder sehen und wissen will, was in dem Korb ist. Deshalb sieht er nichts. Der leere Korb bringt ihn zum Lachen, aber so, dass es ihn entlarvt. Er verliert die himmlische Frau und alle himmlischen Gaben, die mit ihr gekommen waren. Was diese sind? Der Leser kann sich einiges davon aus dem Märchen selbst erschließen: Liebe, Vertrauen, Loslassen, Zurückhaltung, Geduld, Verzicht.

Ein Zitat des Zen-Patriarchen Engo (1063-1135) mag diese tiefe Wahrheit unterstreichen:

Wenn du unmittelbar die Erfahrung des Zen wünschst, so suche sie vor allem nicht. Was durch Suchen erlangt wird, ist schon durch das Denken verunreinigt.*

Der große Schatz des Zen liegt immer schon offen und klar zutage und ist schon immer der Kraftquell all deines Handelns gewesen.

Erst wenn du den Umtrieben deines Denkens Einhalt gebietest und den Punkt erreichst, wo alle Dinge ungeboren sind, brichst du durch zur Freiheit – du versinkst nicht mehr in Gefühlen, du verweilst nicht mehr bei Begriffen, sondern transzendierst alles ganz und gar. Dann ist Zen überall in der Welt überdeutlich gegenwärtig.

Alles kommt aus deinem eigenen Herzen. Dies ist es, was einer der Alten das Heben des Familienschatzes nannte.

*Anm.: völlige Gelöstheit und klares Erkennen

4. Schweigen

Annie French

Die Prinzessin, die keiner zum Schweigen bringen konnte

Es war einmal ein König, der hatte eine Tochter, die war so schlau und spitzfindig, dass niemand sie zum Schweigen bringen konnte. Da setzte der König einen Preis aus und ließ bekanntmachen: Der, welcher es könnte, bekäme die Prinzessin und das halbe Königreich.

Drei Brüder, die das gehört hatten, beschlossen, ihr Glück zu versuchen. Zuerst machten sich die beiden älteren auf, weil sie sich für die Klügeren hielten. Aber sie konnten bei der Prinzessin gar nichts ausrichten und mussten mit einem blauen Auge abziehen.

Da machte sich danach auch der Aschenper auf. Als er ein Stückchen gegangen war, fand er eine Weidenrute am Wege und nahm sie mit. Wieder nach einer Weile fand er eine Scherbe, die gehörte zu einer alten Schüssel, und die nahm er auch mit. Als er noch weiter gewandert war, fand er einen toten Star und danach ein krummes Bockshorn.

Nicht lange, so hob er noch ein krummes Bockshorn auf. Und als er über das Feld zum Königshof marschierte, wo Dünger ausgestreut war, fand er noch eine ausgetretene Schuhsohle. Alle Dinge nahm er mit aufs Schloss, und schon trat er bei der Prinzessin ein.

"Guten Tag", rief er.

"Gleichfalls!" sprach sie und verzog das Gesicht.

"Könnte man mir hier meinen toten Star braten?" fragte er.

"Ich habe eher Angst, dass er platzen könnte!" rief die Prinzessin.

"Ach, das hat keine Not! Dann binde ich diese Weidenrute darum!" rief der Bursche und holte das Reis hervor.

"Aber dann wird das Fett herauslaufen!" sagte die Prinzessin.

"I wo, dann halte ich dieses hier unter!" sprach der Aschenper und zeigte ihr die große Scherbe von der Schüssel.

"Du machst es mir so krumm, du!" sagte die Prinzessin.

"Ich mache es nicht krumm, sondern es ist krumm!" erwiderte der Bursche und nahm das eine Horn hervor.

"Nein, so etwas Ähnliches habe ich mein Lebtag noch nicht gesehen!" rief die Prinzessin.

"Hier siehst du etwas Ähnliches", sprach der Bursche und holte das andere Bockshorn hervor.

"Ich glaube, du bist ausgegangen, um mich zum Schweigen zu bringen", sprach die Prinzessin.

"Nein, ich bin nicht ausgegangen", sagte der Bursche und zeigte ihr die Schuhsohle. Hierauf wusste die Prinzessin nichts mehr zu antworten. - "Nun bist du mein!" rief der Bursche, und darauf kriegte er wirklich die Prinzessin und das halbe Königreich.

Peter Christen Asbjørnsen

Das norwegische Märchen spiegelt zunächst einmal weibliche Beredsamkeit und Schlagfertigkeit. Aber auf einer tieferen Ebene thematisiert es ein grundmenschliches Problem: dass wir es fast nicht vermögen zu schweigen. Immer haben wir noch einen Gedanken, *noch* eine Antwort, *noch* einen Kommentar.

Vielleicht vermögen wir es schließlich, gegenüber unseren Mitmenschen etwas Zurückhaltung zu üben. Aber innerlich ist es fast unmöglich, still zu werden. Wir gewännen doch tatsächlich ein Königreich, vermöchten wir die Gedanken *einmal* zur Ruhe kommen zu lassen.

Das Märchen zeigt einen Ausweg, eine Rettung, die allerdings der Hilfe und der Geschicktheit bedarf. Letztlich ist es nach der Weisheit des Märchens eine Grenzerfahrung, eine völlig unerwartete Überraschung, die den Durchbruch bringt: eine Schuhsohle.

Eine Zen-Geschichte mag dies ergänzen. Wie es auf dem mystischen Weg wesentlich darauf ankommt, das pausenlose Benennen, Einordnen, Verstehen und Werten einmal zu beenden, zeigt die folgende Geschichte:

Als Meister Isan sich noch unter Hyakujôs Führung schulte, hatte er das Amt des Kochs inne. Hyakujô wollte einen Meister für das Kloster auf dem Berg Daii auswählen. Darum rief er den Mönchsältesten und seine anderen Schüler zu sich, forderte sie auf, ihre Einsicht zu demonstrieren, und sagte, dass der Beste ausgesandt werden sollte. Dann nahm er den Wasserkrug, stellte ihn auf den Boden und sagte: "Ihr dürft ihn nicht einen Wasserkrug heißen! Wie wollt ihr ihn dann benennen?" Der Mönchsälteste sagte: "Er kann doch nicht eine Holzsandale genannt werden." Hyakujô fragte den Isan. Dieser stieß den Krug sofort mit dem Fuß um und ging davon. Hyakujô lachte und sagte zum Mönchs-ältesten: "Isan hat dem Mönch vom ersten Sitz den Rang abgelaufen." Und er bestellte Isan zum Gründer des neuen Klosters.

(Mumonkan Fall 40)

Auch der christliche Denker Sören Kierkegaard (1813-1855) hatte längst vor der Moderne den Finger hierarauf gelegt:

"O, wofern man bei der Betrachtung des gegenwärtigen Weltzustandes, des ganzen Lebens, christlich sagen müsste: 'es liegt eine Krankheit vor' - und wofern ich ein Arzt wäre; falls also jemand fragte: 'was meinst du, muss man da tun?' ich würde antworten: "das Erste, die schlechthinnige Bedingung dafür, dass man etwas tun kann, somit das erste, das man tun muss, ist dies: schaffe Schweigen, erwirke Schweigen."

Das Reden und alle Worte vermögen die Wahrheit nicht wirklich ausdrücken. Deshalb ist das Schweigen so bedeutsam, damit die Dinge selbst eine Chance haben, sich zu bekunden und wir die Möglichkeit bekommen, wirklich klar zu sehen und wahr-zunehmen. So heißt es im Zen:

Du solltest Bäume und Felsen damit betrauen, den Dharma (das große Gesetz, die Lehre) zu predigen,

und du solltest Reisfelder und Gärten nach der Wahrheit fragen.

Frage Pfeiler nach dem Dharma und lerne von Hecken und Mauern.

Dogen Zenji (1200-1253)

5. Liebe

Heinrich Vogeler

Die blaue Rose

Der Kaiser von China hatte eine Tochter, die war schön und sehr klug - und sehr, sehr eigenwillig: was sie nicht wollte, das wollte sie nicht. Und heiraten, heiraten wollte sie ganz gewiss nicht. Am Hof und im ganzen Reich wurde darüber schon getuschelt: "Sie nimmt keinen Mann. Sie will keinen Mann! Was mag da nur los sein? Ist sie zu stolz? Oder kann sie nicht lieben? Oder ist sie am Ende gar verhext?" Ihr Vater, der Kaiser, drängte sie darum jeden Tag, doch einen Ehemann zu nehmen, und endlich sagte sie: "Also gut, ich werde heiraten - aber nur den, der mir eine blaue Rose bringt".

Da rief der Kaiser alle großen und wichtigen Männer des Reiches in seinen Palast, und sagte, derjenige solle seine einzige Tochter zur Frau bekommen, der ihr eine blaue Rose bringe.

"Eine blaue Rose? Eine blaue Rose! Hat man davon je gehört?!" Die Freier murmelten und murrten und machten sich davon. Und nur drei blieben übrig: der erste ein großer Kriegsheld, der zweite ein reicher Kaufmann, der dritte ein Gelehrter, bewandert in allen Wissenschaften und in der schwarzen Kunst der Hexerei. Und die versprachen nun alle drei, in dreißig Tagen zurückzukommen mit einer blauen Rose.

Der Kriegsheld rüstete sich und zog mit hundert Kampfgefährten gegen ein benachbartes Königreich, das war berühmt für seine Schätze. Und dem König des Reiches ließ er sagen: "Ich werde dich vom Thron stürzen und dein Reich zerstören, wenn du mir nicht eine blaue Rose bringst!" Der König erschrak, und mit ihm sein Reich, und seine Diener und Ratgeber überlegten hin und her, bis endlich einer in einer Schatzkammer einen großen blauen Edelstein fand, einen gewaltigen Saphir. Den brachte man zu einem Edelsteinschleifer, der schnitt daraus eine blaue Rose, die gab man dem fremden Krieger, und der zog zufrieden ab.

Der Kaufmann durchforschte all seine Lager und Speicher und ließ auf allen Märkten im Inland und Ausland fragen, ob eine blaue Rose zu kaufen wäre - aber sie war für Geld nicht zu haben. Da erstand er für ein Vermögen eine Schale aus Porzellan, zart wie ein Rosenblatt, und vom besten und teuersten Maler des Reiches ließ er da hinein eine blaue Rose malen.

Der Gelehrte ging in sein Haus, schloss sich ein in der innersten Kammer, schlug nach in den uralten Büchern, fand die geheime Formel, mischte seltsame Kräuter und Pulver, kochte daraus einen blauen Sud, stellte eine weiße Rose hinein - und die weiße Rose färbte sich blau!

Nach dreißig Tagen kamen die drei zum kaiserlichen Palast; verneigten sich vor dem Kaiser und vor seiner Tochter, dann trat der Krieger vor und gab der Prinzessin die Edelsteinrose. "Das ist keine blaue Rose," sagte die Prinzessin, "das ist ein Saphir, und davon hab ich mehr als genug."

Da trat der Kaufmann vor und reichte ihr die Rose aus Porzellan. "Wie schön, wie wunderschön," sagte die Prinzessin. "Sollte ich jemals wirklich eine blaue Rose bekommen, so will ich sie nur in diese Vase stellen."

Da trat der Gelehrte vor und gab ihr die Zauberrose. Die Prinzessin nahm sie, besah sie von allen Seiten, ging damit zum geöffneten Fenster - da flog ein Schmetterling herein, setzte sich auf die

Rose und fiel im Augenblick wie tot zu Boden. "Das ist keine blaue Rose", rief die Prinzessin, "das ist Gift und Betrug und Hexerei!"

Am Abend dieses Tages ging sie durch den Garten des kaiserlichen Palastes. Da hörte sie von jenseits der Mauer eine wunderschöne Melodie, und jemand sang dazu von der Schönheit und von der Liebe und von der Sehnsucht. Sie stieg auf einen Gartenstuhl, schaute über die Mauer und erblickte einen jungen Spielmann.

"Wie schön ist dein Lied, Fremder," sagte sie.

"Viel schöner ist dein Gesicht, Fremde," sagte er.

Und die Luft war süß und der Mond schien wie Silber und sie blieben sich nicht lange fremd, denn ihre Herzen fanden zueinander.

"Du bist der erste Mann, den ich lieben kann," sagte die Tochter des Kaisers, "doch ich kann dich nicht heiraten, denn ich habe erklärt, ich würde nur den zum Mann nehmen, der mir eine blaue Rose bringt. Und das Wort der Tochter des Kaisers ist wie ein Gesetz."

"Ach, wenn es mehr nicht ist!", sagte der Spielmann, "morgen früh komm ich zu dir in den Palast mit einer blauen Rose."

Am andern Morgen ging der Spielmann zum Palast, und unterwegs pflückte er am Straßenrand eine weiße Rose. Und er trat vor den Kaiser und seine Tochter, verneigte sich und gab der Prinzessin die Blume, die er in der Hand hielt. Die nahm die Blume und sah den Spielmann an und sagte, ja, genau so eine blaue Rose habe sie sich immer gewünscht. Und weil das Wort der Tochter des Kaisers wie ein Gesetz ist, darum sagte ihr Vater: "Sie hat es gesagt, die Rose ist blau, und damit wird sie jetzt deine Frau!"

Und sie heirateten und wurden sehr glücklich und bekamen viele Kinder. Und im Garten ihres Palastes blühten tausende weiße Rosen, aber sie nannten ihn nur - unseren blauen Garten.

Märchen aus China, bearbeitet nach Lisa Tetzner:
Märchen für 365 und einen Tag

Die Liebe sucht nicht irgendwen und irgendwas. Sie sucht das, was einem entspricht, was zu einem passt, wonach man sich sehnt. Entweder es kommt auf einen zu und man begegnet dem – oder man muss warten und sich vielleicht auf die Suche machen. Das Besondere dieses Märchens ist, dass gewartet wird. Das ist nicht das Normale. Der Druck der Umwelt ist entsprechend groß. Man soll sich den Gepflogenheiten anpassen. Und so wird auch die Prinzessin gedrängt, über ihre innere Grenze hinauszugehen. Sie legt aber in ihrer Autorität die Hürde so hoch, dass es geradezu unmöglich ist, sie zu überwinden. Wenn man nicht annimmt, dass sie tief verletzt und zu einer Beziehung unfähig ist, darf man auf die Lösung gespannt sein. Der Fortgang der Geschichte zeigt auch ihre Liebesfähigkeit.

Die blaue Rose gilt heute in Japan als Symbol erfüllter Liebe und wird gerne zu Hochzeiten verschenkt. Dies war nur möglich durch eine gentechnische Veränderung und Züchtung.

Alle Verehrer der Prinzessin scheitern und werden durchschaut. Das Märchen zeigt, dass Warten belohnt wird. Eines Tages begegnet ihr *doch* ein Mann, den sie lieben kann und der sie liebt und sie überwinden gemeinsam die letzte Hürde ihres gegebenen Wortes, dass sie nur durch eine blaue Rose gefreit werden kann.

Die mystische Dimension liegt hier in der Klarheit, mit der einerseits gewartet und andererseits der Moment ergriffen wird, wo sich tatsächlich die ersehnte Möglichkeit zeigt. Wenn der Geliebte erscheint, werden alle Wege geebnet und alle Hindernisse überwunden, die noch da sind. Der letzte Teil das Märchen erinnert ein wenig an die Koans im Zen-Buddhismus, wo durch rational unlösbare Fragen die gewohnte Denkweise überschritten wird (Beispiele könnten Texte wie auf S.61 und 118 sein).

Der mystische Weg wurde nicht zufällig des öfteren mit dem Weg eines Liebenden beschrieben. Der Mystiker weiß auch, was Warten und Leiden bedeutet – und weiß auch davon zu singen, wenn sich das Ersehnte eingestellt hat. Einer der größten Dichter und Mystiker des Islam, Rumi (1207 – 1273) singt von der Liebe:

Und wenn Er alle Wege und Pässe vor dir schließt,
zeigt einen Weg, geheim, Er, den niemand noch gekannt!

Eine Freundin sprach zum Freund: ‚O Jüngling,
In der Fremde sahst du viele Städte –
Welche Stadt darunter war am schönste?'
‚Jene – sprach er – wo die Liebste wohnt!'

Im Garten sind tausend Entzückende fein
Und Rosen und Veilchen mit Düften so rein
Und rinnendes, plätscherndes Wasser im Fluss –
Dies alles ist Vorwand: Er ist es allein.

Ein großes Zeugnis davon gibt auch Johannes vom Kreuz (1542-1591), der durch viele dunkle Nächte hindurch fand, was er suchte:

In einer dunklen Nacht,
von Sehnsucht getrieben, in Brand gesteckt von Liebe,
- o glückliche Fügung! –
entfloh ich, ohne bemerkt zu werden,
als schon das Haus um mich in Stille lag,

im Dunkeln, sichren Fußes
über die geheime Leiter, tief ins Gewand gemummt,
- o glückliche Fügung! –
im Dunkeln und wachsam angespannt,
als schon das Haus um mich in Stille lag,

in jener glückseligen Nacht,
heimlich, dass niemand mich sah
- auch ich selbst nahm nichts wahr -,
ohn' andres Licht, den Weg zu leuchten,
als das nur, das im Herzen brannte;

das führte mich
sichrer als das Licht der Tagesmitte
dorthin, wo mich erwartete,
um den so tief ich weiß,
dorthin, wo niemand uns belauerte.

O Nacht, die du den Weg geleuchtet!
O Nacht, liebenswerter als das Morgendämmern!
O Nacht, die du zusammenbrachtest

den Geliebten und die Geliebte
und die Geliebte in den Geliebten verwandeltest.

An meiner Brust, aufgeblüht zu neuem Leben,
die nur für ihn sich aufbewahrte,
da ruht' er schlafend,
und ich liebkoste ihn,
und Zedern fächelten ihm Wind.
Der Wind von den Zinnen her
- als zärtlich er sein Haar durchwehte –
mit seiner sanften Hand
streifte meinen Hals,
und alle meine Sinne schwanden.

Ich blieb und ich vergaß mich,
das Antlitz neigt' ich über den Geliebten,
alles um mich verlosch, ich ließ mich los,
ließ los mein Sorgen,
zwischen den Lilien war es vergessen.

6. Die Schwere des Weges

Ignatius Taschner, Die Gänsehirtin am Brunnen

Die Gänsehirtin am Brunnen

Es war einmal ein steinaltes Mütterchen, das lebte mit seiner Herde Gänse in einer Einöde zwischen Bergen und hatte da ein kleines Haus. Die Einöde war von einem großen Wald umgeben, und jeden Morgen nahm die Alte ihre Krücke und wackelte in den Wald. Da war aber das Mütterchen ganz geschäftig, mehr als man ihm bei seinen hohen Jahren zugetraut hätte, sammelte Gras für seine Gänse, brach sich das wilde Obst ab, so weit es mit den Händen reichen konnte, und trug alles auf seinem Rücken heim. Man hätte meinen sollen, die schwere Last müsste sie zu Boden drücken, aber sie brachte sie immer glücklich nach Haus. Wenn ihr jemand begegnete, so grüßte sie ganz freundlich: "Guten Tag, lieber Landsmann, heute ist schönes Wetter. Ja, Ihr wundert Euch, dass ich das Gras schleppe, aber jeder muss seine Last auf den Rücken nehmen." Doch die Leute begegneten ihr nicht gerne und nahmen lieber einen Umweg, und wenn ein Vater mit seinem Knaben an ihr vorüberging, so sprach er leise zu ihm: "Nimm dich in acht vor der Alten, die hat's faustdick hinter den Ohren: es ist eine Hexe."

Eines Morgens ging ein hübscher junger Mann durch den Wald. Die Sonne schien hell, die Vögel sangen, und ein kühles Lüftchen strich durch das Laub, und er war voll Freude und Lust. Noch war ihm kein Mensch begegnet, als er plötzlich die alte Hexe erblickte, die am Boden auf den Knien saß und Gras mit einer Sichel abschnitt. Eine ganze Last hatte sie schon in ihr Tragtuch geschoben, und daneben standen zwei Körbe, die mit wilden Birnen und Äpfeln angefüllt waren. "Aber Mütterchen", sprach er, "wie kannst du das alles fortschaffen?" "Ich muss sie tragen, lieber Herr", antwortete sie, "reicher Leute Kinder brauchen es nicht. Aber beim Bauer heißt's

Schau dich nicht um,
Dein Buckel ist krumm.

Wollt Ihr mir helfen?" sprach sie, als er bei ihr stehen blieb, "Ihr habt noch einen geraden Buckel und junge Beine, es wird Euch ein leichtes sein. Auch ist mein Haus nicht so weit von hier: hinter dem Berge dort steht es auf einer Heide. Wie bald seid Ihr da hinaufgesprungen." Der junge Mann empfand Mitleiden mit der Alten, "zwar ist mein Vater kein Bauer", antwortete er, "sondern ein reicher Graf, aber damit Ihr seht, dass die Bauern nicht allein tragen können, so will ich Euer Bündel aufnehmen." "Wollt Ihr's versuchen", sprach sie, "so soll mir's lieb sein. Eine Stunde weit werdet Ihr freilich gehen müssen, aber was macht Euch das aus! Dort die Äpfel und Birnen müsst Ihr auch tragen."

Es kam dem jungen Grafen doch ein wenig bedenklich vor, als er von einer Stunde Wegs hörte, aber die Alte ließ ihn nicht wieder los, packte ihm das Tragtuch auf den Rücken und hing ihm die beiden Körbe an den Arm. "Seht Ihr, es geht ganz leicht", sagte sie. "Nein, es geht nicht leicht", antwortete der Graf und machte ein schmerzliches Gesicht, "der Bündel drückt ja so schwer, als wären lauter Wackersteine darin, und die Äpfel und Birnen haben ein Gewicht, als wären sie von Blei; ich kann kaum atmen." Er hatte Lust, alles wieder abzulegen, aber die Alte ließ es nicht zu. "Seht einmal", sprach sie spöttisch, "der junge Herr will nicht tragen, was ich alte Frau schon so oft fortgeschleppt habe. Mit schönen Worten sind sie bei der Hand, aber wenn's Ernst wird, so wollen sie sich aus dem Staub machen. Was steht Ihr da", fuhr sie fort, "und zaudert, hebt die Beine auf. Es nimmt Euch niemand den Bündel wieder ab." Solange er auf ebener Erde ging, war's noch auszuhalten, aber als sie an den Berg kamen und steigen mussten, und die Steine hinter seinen Füssen hinabrollten, als wären sie lebendig, da ging's über seine Kräfte. Die Schweißtropfen standen ihm auf der Stirne und liefen ihm bald heiß, bald kalt über den Rücken hinab. "Mütterchen", sagte er, "ich kann nicht weiter, ich will ein wenig ruhen."

"Nichts da", antwortete die Alte, "wenn wir angelangt sind, so könnt Ihr ausruhen, aber jetzt müsst Ihr vorwärts. Wer weiß, wozu Euch das gut ist." "Alte, du wirst unverschämt", sagte der Graf und wollte das Tragtuch abwerfen, aber er bemühte sich vergeblich: es hing so fest an seinem Rücken, als wenn es angewachsen wäre. Er drehte und wendete sich, aber er konnte es nicht wieder loswerden. Die Alte lachte dazu und sprang ganz vergnügt auf ihrer Krücke herum. "Erzürnt Euch nicht, lieber Herr", sprach sie, "Ihr werdet ja so rot im Gesicht wie ein Zinshahn. Tragt Euren Bündel mit Geduld, wenn wir zu Hause angelangt sind, so will ich Euch schon ein gutes Trinkgeld geben." Was wollte er machen? Er musste sich in sein Schicksal fügen und geduldig hinter der Alten herschleichen. Sie schien immer flinker zu werden und ihm seine Last immer schwerer.

Auf einmal tat sie einen Satz, sprang auf das Tragtuch und setzte sich oben darauf; wie zaundürre sie war, so hatte sie doch mehr Gewicht als die dickste Bauerndirne. Dem Jünglinge zitterten die Knie, aber wenn er nicht fortging, so schlug ihn die Alte mit einer Gerte und mit Brennesseln auf die Beine. Unter beständigem Ächzen stieg er den Berg hinauf und langte endlich bei dem Haus der Alten an, als er eben niedersinken wollte. Als die Gänse die Alte erblickten, streckten sie die Flügel in die Höhe und die Hälse voraus, liefen ihr entgegen und schrien ihr "Wulle, wulle." Hinter der Herde mit einer Rute in der Hand ging eine bejahrte Trulle, stark und groß, aber hässlich wie die Nacht. "Frau

Mutter", sprach sie zur Alten, "ist Euch etwas begegnet? Ihr seid so lange ausgeblieben."

"Bewahre, mein Töchterchen", erwiderte sie, "mir ist nichts Böses begegnet, im Gegenteil, der liebe Herr da hat mir meine Last getragen; denk dir, als ich müde war, hat er mich selbst noch auf den Rücken genommen. Der Weg ist uns auch gar nicht lang geworden, wir sind lustig gewesen und haben immer Spaß miteinander gemacht." Endlich rutschte die Alte herab, nahm dem jungen Mann den Bündel vom Rücken und die Körbe vom Arm, sah ihn ganz freundlich an und sprach: "Nun setzte Euch auf die Bank vor die Türe und ruht Euch aus. Ihr habt Euern Lohn redlich verdient, der soll auch nicht ausbleiben"

Dann sprach sie zu der Gänsehirtin: "Geh du ins Haus hinein, mein Töchterchen, es schickt sich nicht, dass du mit einem jungen Herrn allein bist, man muss nicht Öl ins Feuer gießen; er könnte sich in dich verlieben." Der Graf wusste nicht, ob er weinen oder lachen sollte. "Solch ein Schätzchen", dachte er, "und wenn es dreißig Jahre jünger wäre, könnte doch mein Herz nicht rühren."

Indessen hätschelte und streichelte die Alte ihre Gänse wie Kinder und ging dann mit ihrer Tochter in das Haus. Der Jüngling streckte sich auf die Bank unter einem wilden Apfelbaum. Die Luft war lau und mild; ringsumher breitete sich eine grüne Wiese aus, die mit Himmelschlüsseln, wildem Thymian und tausend andern Blumen übersät war; mittendurch rauschte ein klarer Bach, auf dem die Sonne glitzerte; und die weißen Gänse gingen auf und ab spazieren oder puderten sich im Wasser. "Es ist recht lieblich hier", sagte er, "aber ich bin so müde, dass ich die Augen nicht aufbehalten mag: ich will ein wenig schlafen. Wenn nur kein Windstoß kommt und bläst mir meine Beine vom Leib weg, denn sie sind mürb wie Zunder."

Als er ein Weilchen geschlafen hatte, kam die Alte und schüttelte ihn wach. "Steh auf ", sagte sie, "hier kannst du nicht bleiben. Freilich habe ich dir's sauer genug gemacht, aber das Leben hat's doch nicht gekostet. Jetzt will ich dir deinen Lohn geben, Geld und Gut brauchst du nicht, da hast du etwas anderes." Damit steckte sie ihm ein Büchslein in die Hand, das aus einem einzigen

Smaragd geschnitten war. "Bewahr's wohl", setzte sie hinzu, "es wird dir Glück bringen." Der Graf sprang auf, und da er fühlte, dass er ganz frisch und wieder bei Kräften war, so dankte er der Alten für ihr Geschenk und machte sich auf den Weg, ohne nach dem schönen Töchterchen auch nur einmal umzublicken.

Als er schon eine Strecke weg war, hörte er noch aus der Ferne das lustige Geschrei der Gänse. Der Graf musste drei Tage in der Wildnis herumirren, ehe er sich herausfinden konnte. Da kam er in eine große Stadt, und weil ihn niemand kannte, ward er in das königliche Schloss geführt, wo der König und die Königin auf dem Thron saßen. Der Graf ließ sich auf ein Knie nieder, zog das smaragdene Gefäß aus der Tasche und legte es der Königin zu Füssen. Sie hieß ihn aufstehen, und er musste ihr das Büchslein hinaufreichen. Kaum aber hatte sie es geöffnet und hineingeblickt, so fiel sie wie tot zur Erde. Der Graf ward von den Dienern des Königs festgehalten und sollte in das Gefängnis geführt werden, da schlug die Königin die Augen auf und rief, sie sollten ihn freilassen, und jedermann sollte hinausgehen, sie wollte insgeheim mit ihm reden.

Als die Königin allein war, fing sie bitterlich an zu weinen und sprach: "Was hilft mir Glanz und Ehre, die mich umgeben, jeden Morgen erwache ich mit Sorgen und Kummer. Ich habe drei Töchter gehabt, davon war die jüngste so schön, dass sie alle Welt für ein Wunder hielt. Sie war so weiß wie Schnee, so rot wie Apfelblüte, und ihr Haar so glänzend wie Sonnenstrahlen. Wenn sie weinte, so fielen nicht Tränen aus ihren Augen, sondern lauter Perlen und Edelsteine. Als sie fünfzehn Jahre alt war, da ließ der König alle drei Schwestern vor seinen Thron kommen. Da hättet Ihr sehen sollen, was die Leute für Augen machten, als die jüngste eintrat, es war als wenn die Sonne aufging. Der König sprach: "Meine Töchter, ich weiß nicht, wann mein letzter Tag kommt, ich will heute bestimmen, was eine jede nach meinem Tode erhalten soll. Ihr alle habt mich lieb, aber welche mich von euch am liebsten hat, die soll das Beste haben." Jede sagte, sie hätte ihn am liebsten. "Könnt ihr mir's nicht ausdrücken", erwiderte der König, "wie lieb ihr mich habt? Daran werde ich's sehen, wie ihr's meint." Die älteste sprach: "Ich habe den Vater so lieb wie den süßesten Zucker." Die zweite: "Ich habe den Vater so lieb wie mein schönstes Kleid." Die jüngste aber schwieg. Da fragte der Vater: "Und du, mein liebstes Kind, wie lieb hast du mich?"

"Ich weiß es nicht", antwortete sie, "und kann meine Liebe mit nichts vergleichen." Aber der Vater bestand darauf, sie müsste etwas nennen. Da sagte sie endlich: "Die beste Speise schmeckt mir nicht ohne Salz, darum habe ich den Vater so lieb wie Salz." Als der König das hörte, geriet er in Zorn und sprach: "Wenn du mich so liebst als Salz, so soll deine Liebe auch mit Salz belohnt werden." Da teilte er das Reich zwischen den beiden ältesten, der jüngsten aber ließ er einen Sack mit Salz auf den Rücken binden, und zwei Knechte mussten sie hinaus in den wilden Wald führen. Wir haben alle für sie gefleht und gebeten", sagte die Königin, "aber der Zorn des Königs war nicht zu erweichen. Wie hat sie geweint, als sie uns verlassen musste! Der ganze Weg ist mit Perlen besät worden, die ihr aus den

Augen geflossen sind. Den König hat bald hernach seine große Härte gereut, und hat das arme Kind in dem ganzen Wald suchen lassen, aber niemand konnte sie finden. Wenn ich denke, dass sie die wilden Tiere gefressen haben, so weiß ich mich vor Traurigkeit nicht zu fassen; manchmal tröste ich mich mit der Hoffnung, sie sei noch am Leben und habe sich in einer Höhle versteckt oder bei mitleidigen Menschen Schutz gefunden. Aber stellt Euch vor, als ich Euer Smaragdbüchslein aufmachte, so lag eine Perle darin, gerade der Art, wie sie meiner Tochter aus den Augen geflossen sind, und da könnt Ihr Euch vorstellen, wie mir der Anblick das Herz bewegt hat. Ihr sollt mir sagen, wie Ihr zu der Perle gekommen seid."

Der Graf erzählte ihr, dass er sie von der Alten im Walde erhalten hätte, die ihm nicht geheuer vorgekommen wäre und eine Hexe sein müsste; von ihrem Kinde aber hätte er nichts gehört und gesehen. Der König und die Königin fassten den Entschluss, die Alte aufzusuchen; sie dachten, wo die Perle gewesen wäre, da müssten sie auch Nachricht von ihrer Tochter finden. Die Alte saß draußen in der Einöde bei ihrem Spinnrad und spann. Es war schon dunkel geworden, und ein Span, der unten am Herd brannte, gab ein sparsames Licht. Auf einmal ward's draußen laut, die Gänse kamen heim von der Weide und ließen ihr heiseres Gekreisch hören. Bald hernach trat auch die Tochter herein. Aber die Alte dankte ihr kaum und schüttelte nur ein wenig mit dem Kopf. Die Tochter setzte sich nieder, nahm ihr Spinnrad und drehte den Faden so flink wie ein junges Mädchen. So saßen beide zwei Stunden, und sprachen kein Wort miteinander. Endlich raschelte etwas am Fenster und zwei feurige Augen glotzten herein. Es war eine alte Nachteule, die dreimal "uhu" schrie. Die Alte schaute nur ein wenig in die Höhe, dann sprach sie: "Jetzt ist's Zeit, Töchterchen, dass du hinausgehst, tu deine Arbeit."

Sie stand auf und ging hinaus. "Wo ist sie denn hingegangen?" Über die Wiesen immer weiter bis in das Tal. Endlich kam sie zu einem Brunnen, bei dem drei alte Eichbäume standen. Der Mond war indessen rund und groß über dem Berg aufgestiegen, und es war so hell, dass man eine Stecknadel hätte finden können. Sie zog eine Haut ab, die auf ihrem Gesicht lag, bückte sich dann zu dem Brunnen und fing an sich zu waschen. Als sie fertig war, tauchte sie auch die Haut in das Wasser und legte sie dann auf die Wiese, damit sie wieder im Mondschein bleichen und trocknen sollte. Aber wie war das Mädchen verwandelt! So was habt ihr nie gesehen! Als der graue Zopf abfiel, da quollen die goldenen Haare wie Sonnenstrahlen hervor und breiteten sich, als wär's ein Mantel, über ihre ganze Gestalt. Nur die Augen blitzten heraus so glänzend wie die Sterne am Himmel, und die Wangen schimmerten in sanfter Röte wie die Apfelblüte.

Aber das schöne Mädchen war traurig. Es setzte sich nieder und weinte bitterlich. Eine Träne nach der andern drang aus seinen Augen und rollte zwischen den langen Haaren auf den Boden. So saß es da und wäre lange sitzen geblieben, wenn es nicht in den Ästen des nahestehenden Baumes geknittert und gerauscht hätte. Sie sprang auf wie ein Reh, das den Schuss des Jägers vernimmt. Der Mond ward gerade von einer schwarzen Wolke bedeckt, und im Augenblick war das Mädchen wieder in die alte Haut geschlüpft, und verschwand wie ein Licht, das der Wind ausbläst.

Zitternd wie ein Espenlaub lief sie zu dem Haus zurück. Die Alte stand vor der Türe, und das Mädchen wollte ihr erzählen, was ihm begegnet war, aber die Alte lachte freundlich und sagte: "Ich weiß schon alles." Sie führte es in die Stube und zündete einen neuen Span an. Aber sie setzte sich nicht wieder zu dem Spinnrad, sondern sie holte einen Besen und fing an zu kehren und zu scheuern. "Es muss alles rein und sauber sein", sagte sie zu dem Mädchen. "Aber, Mutter", sprach das Mädchen, "warum fangt Ihr in so später Stunde die Arbeit an? Was habt Ihr vor!"

"Weißt du denn, welche Stunde es ist?" fragte die Alte. "Noch nicht Mitternacht", antwortete das Mädchen, "aber schon elf Uhr vorbei." "Denkst du nicht daran", fuhr die Alte fort, "dass du heute vor drei Jahren zu mir gekommen bist? Deine Zeit ist aus, wir können nicht länger beisammen bleiben." Das Mädchen erschrak und sagte: "Ach, liebe Mutter, wollt Ihr mich verstoßen? Wo soll ich hin? Ich habe keine Freunde und keine Heimat, wohin ich mich wenden kann. Ich habe alles getan, was Ihr verlangt habt, und Ihr seid immer zufrieden mit mir gewesen: schickt mich nicht fort." Die Alte wollte dem Mädchen nicht sagen, was ihm bevorstand. "Meines Bleibens ist nicht länger hier", sprach sie zu ihm, "wenn ich aber ausziehe, muss Haus und Stube sauber sein: darum halt mich nicht auf in meiner Arbeit. Deinetwegen sei ohne Sorgen, du sollst ein Dach finden, unter dem du wohnen kannst, und mit dem Lohn, den ich dir geben will, wirst du auch zufrieden sein."

"Aber sagt mir nur, was ist vor?" fragte das Mädchen weiter. "Ich sage dir nochmals, störe mich nicht in meiner Arbeit. Rede kein Wort weiter, geh in deine Kammer, nimm die Haut vom Gesicht und zieh das seidene Kleid an, das du trugst, als du zu mir kamst, und dann harre in deiner Kammer, bis ich dich rufe." Aber ich muss wieder von dem König und der Königin erzählen, die mit dem Grafen ausgezogen waren und die Alte in der Einöde aufsuchen wollten.

Der Graf war nachts in dem Walde von ihnen abgekommen, und musste allein weitergehen. Am andern Tag kam es ihm vor, als befände er sich auf dem rechten Weg. Er ging immer fort, bis die Dunkelheit einbrach, da stieg er auf einen Baum und wollte da übernachten, denn er war besorgt, er möchte sich verirren. Als der Mond die Gegend erhellte, so erblickte er eine Gestalt, die den Berg herabwandelte. Sie hatte keine Rute in der Hand, aber er konnte doch sehen, dass es die Gänsehirtin war, die er früher bei dem Haus der Alten gesehen hatte. "Oho!" rief er, "da kommt sie, und habe ich erst die eine Hexe, so soll mir die andere auch nicht entgehen." Wie erstaunte er aber, als sie zu dem Brunnen trat, die Haut ablegte und sich wusch, als die goldenen Haare über sie herabfielen, und sie so schön war, wie er noch niemand auf der Welt gesehen hatte. Kaum dass er zu atmen wagte, aber er streckte den Hals zwischen dem Laub so weit vor, als er nur konnte, und schaute sie mit unverwandten Blicken an.

Ob er sich zu weit überbog, oder sonst schuld war, plötzlich krachte der Ast, und in demselben Augenblick schlüpfte das Mädchen in die Haut, sprang wie ein Reh davon, und da der Mond sich zugleich bedeckte, so war sie seinen Blicken entzogen. Kaum war sie verschwunden, so stieg der Graf von dem Baum herab und eilte ihr mit behenden Schritten nach.

Er war noch nicht lange gegangen, so sah er in der Dämmerung zwei Gestalten über die Wiese wandeln. Es war der König und die Königin, die hatten aus der Ferne das Licht in dem Häuschen der Alten erblickt und waren drauf zugegangen. Der Graf erzählte ihnen, was er für Wunderdinge bei dem Brunnen gesehen hätte, und sie zweifelten nicht, dass das ihre verlorene Tochter gewesen wäre. Voll Freude gingen sie weiter und kamen bald bei dem Häuschen an; die Gänse saßen ringsherum, hatten den Kopf in die Flügel gesteckt und schliefen, und keine regte sich. Sie schauten zum Fenster hinein, da saß die Alte ganz still und spann, nickte mit dem Kopf und sah sich nicht um. Es war ganz sauber in der Stube, als wenn da die kleinen Nebelmännlein wohnten, die keinen Staub auf den Füssen tragen. Ihre Tochter aber sahen sie nicht. Sie schauten das alles eine Zeitlang an, endlich fassten sie sich ein

Herz und klopften leise ans Fenster. Die Alte schien sie erwartet zu haben, sie stand auf und rief ganz freundlich: "Nur herein, ich kenne euch schon." Als sie in die Stube eingetreten waren, sprach die Alte: "Den weiten Weg hättet ihr euch sparen können, wenn ihr euer Kind, das so gut und liebreich ist, nicht vor drei Jahren ungerechterweise verstoßen hättet. Ihr hat's nichts geschadet, sie hat drei Jahre lang die Gänse hüten müssen: sie hat nichts Böses dabei gelernt, sondern ihr reines Herz behalten. Ihr aber seid durch die Angst, in der ihr gelebt habt, hinlänglich gestraft."

Dann ging sie an die Kammer und rief: "Komm heraus, mein Töchterchen." Da ging die Türe auf, und die Königstochter trat heraus in ihrem seidenen Gewand mit ihren goldenen Haaren und ihren leuchtenden Augen, und es war, als ob ein Engel vom Himmel käme. Sie ging auf ihren Vater und ihre Mutter zu, fiel ihnen um den Hals und küsste sie; es war nicht anders, sie mussten alle vor Freude weinen. Der junge Graf stand neben ihnen, und als sie ihn erblickte, ward sie so rot im Gesicht wie eine Moosrose; sie wusste selbst nicht warum. Der König sprach: "Liebes Kind, mein Königreich habe ich verschenkt, was soll ich dir geben?"

"Sie braucht nichts", sagte die Alte, "ich schenke ihr die Tränen, die sie um euch geweint hat, das sind lauter Perlen, schöner, als sie im Meer gefunden werden, und sind mehr wert als euer ganzes Königreich. Und zum Lohn für ihre Dienste gebe ich ihr mein Häuschen." Als die Alte das gesagt hatte, verschwand sie vor ihren Augen. Es knatterte ein wenig in den Wänden, und als sie sich umsahen, war das Häuschen in einen prächtigen Palast verwandelt, und eine königliche Tafel war gedeckt, und die Bedienten liefen hin und her.

Die Geschichte geht noch weiter, aber meiner Großmutter, die sie mir erzählt hat, war das Gedächtnis schwach geworden: sie hatte das übrige vergessen. Ich glaube immer, die schöne Königstochter ist mit dem Grafen vermählt worden, und sie sind zusammen in dem Schloss geblieben und haben da in aller Glückseligkeit gelebt, solange Gott wollte. Ob die schneeweißen

Gänse, die bei dem Häuschen gehütet wurden, lauter Mädchen waren, und ob sie jetzt ihre menschliche Gestalt wieder erhielten und als Dienerinnen bei der jungen Königin blieben, das weiß ich nicht genau, aber ich vermute es doch. Soviel ist gewiss, dass die Alte keine Hexe war, wie die Leute glaubten, sondern eine weise Frau, die es gut meinte ...

Märchen der Brüder Grimm

Am Anfang dieses sprachlich und inhaltlich wundervollen Märchens sehen wir ein Leben in der ‚Einöde zwischen Bergen'. Ein altes Haus steht dort. Es wird bewohnt von einer alten, mit Stock gehenden Frau, die Gänse hütet. Da ist nichts Aufregendes. Die Alte aber guter Dinge und bewältigt ihre Arbeit scheinbar spielerisch. Selbst größte Lasten bringt sie ‚glücklich' nach Hause und ist dabei noch freundlich zu jedermann. Das macht die Leute misstrauisch. Man vermutet in ihr eine böse Hexe. In Wahrheit ist sie, wie es am Ende heißt, eine ‚weise Frau', die sogar über einen prophetischen Geist verfügt. Dass diese Frau es ‚faustdick hinter den Ohren hat', ahnen die Leute, nur missverstehen sie es. Was sie letztlich für die junge Frau und den jungen Mann tut, ist unermesslich.

Obwohl sie verteufelt wird, lässt sie keine Spur von Bitterkeit aufkommen. Missverstanden zu werden gehört zu den Dingen, die für uns Menschen mit am schwersten sind. Das kommt im kleinen Alltag vor, aber auch bei großen Menschen und Situationen. Ein Beispiel ist Jesus von Nazareth. Ihm sagte man auch nach: „Nur mit Hilfe von Beelzebul, dem Anführer der Dämonen, kann er die Dämonen austreiben" (Mt 12/24). Die Dämonisierung der weisen Frauen, aber auch Männer ist eine der verhängnisvollsten Tatsachen unserer Geschichte. Dies fing schon bei Jesus an, ging weiter bei der Christianisierung und reicht bis zur mittelalterlichen Inquisition und Verfolgung von ‚Hexen'. Nicht verstanden zu werden ist eine Erfahrung des

Weges, die viele Weise und Mystiker machen mussten und teilweise sogar mit ihrem Leben bezahlten (Al-Halladsch, Sokrates, Meister Eckhart u.a.).

Wie ist es möglich, die Schwere der Last, die man zu tragen hat, so fröhlich ´zu bewältigen? Es ist genau das Gegenteil von dem, was die Menschen vermuten: es ist eine unendliche Güte und Weisheit, die an mehreren Stellen der Geschichte durchscheint. Wie man selbst in hohem Alter und äußeren Einschränkungen noch über außerordentliche Kräfte verfügen kann, wissen die, die sich ein Leben lang um einen Weg bemüht haben. Dies kann ein spiritueller Weg sein, aber auch ein Weg des Herzens, ein Weg mit einem Instrument, mit einer Aufgabe. Diese Wege sind fast immer sehr schwer und es braucht lange, bis man in die ersehnte Leichtigkeit kommt.

Erstaunlich ist es, wie der arglose junge Edelmann, der ihr zufällig begegnet, in die Lehre genommen wird. Sie überredet ihn und bindet ihn an diese Last, die eigentlich nicht seine ist. Sie mutet ihm Stück für Stück immer mehr zu, bis er zum Schluss alles tragen muss, sie selbst eingeschlossen. Schöner und humorvoller kann man es fast nicht schildern, wie große Lehrer (oder Trainer) mit ihren Schülern verfahren und diesen alles abverlangen - so aber, dass sie am Ende bestehen und alles gewinnen. Auch das Leben nimmt einen manchmal in so eine Schule, wo man „mit Gerte und Brennesseln geschlagen wird" - und trotzdem dem Rat folgen sollte: „tragt Euren Bündel mit Geduld, wenn wir zu Hause angelangt sind, so will ich Euch schon ein gutes Trinkgeld geben". Der Lohn kommt, aber zuvor muss der Weg zu Ende gegangen und die Last getragen werden.

Auch die junge Königstochter wurde Opfer eines Missverständnisses. Ihre Liebe, die ohne Worte war und die sie in ein großes Bild gekleidet hat, führte zu ihrer Enterbung und Verstoßung. Sie konnte zwar gerettet werden, konnte bei der wunderbaren alten Frau sein, aber um den Preis, dass sie ihr wahres Aussehen und ihre Schönheit nicht zeigen konnte. Dieser Verzicht wiegt ebenfalls schwer. Nur am Brunnen bei den drei alten Eichen konnte sie sich befreien und zu ihrer wahren Gestalt zurückkehren. Schöner und tiefer kann man so etwas nicht sagen. Das Ende ist glücklich, aber der Preis, den ein Mensch - zumindest zeitweise - dafür zu zahlen hat, kann hoch sein. Nicht gefälliger ‚Zucker', sondern scharfes, würzendes und bewahrendes ‚Salz' ist es, was dieses Märchen dem Hörer – liebe- und humorvoll- bietet (vgl. Mt 5/13).

Nicht nur die Mystiker, alle wissen um die Schwere des Weges und des Lebens. Um seine Leichtigkeit aber wissen nur wenige.

Der höchste Weg ist nicht schwer,
wenn du nur aufhörst zu wählen.
Wo weder Liebe noch Hass,
ist alles offen und klar.
Aber die kleinste Unterscheidung
bringt eine Distanz wie zwischen Himmel und Erde.
Soll ES sich dir offenbaren,
lass Abneigung wie Vorliebe beiseite.
Der Konflikt zwischen Neigung und Abneigung
ist eine Krankheit des Geistes.
Wird diese tiefe Wahrheit nicht verstanden,
versuchst du deine Gedanken vergeblich zu beruhigen.

Der Weg ist vollkommen wie leerer Raum,
ohne Mangel und ohne Überfluss.
Nur wenn du wählst und zurückweist,
geht das So-sein verloren.
Jage nicht äußeren Erscheinungen nach,
verharre auch nicht in der Erfahrung der Leerheit.
Bleibe gelassen im Einen,
und alle Verwirrung verschwindet von selbst.

Stellst du das Tätigsein ein
und kehrst zur Ruhe zurück,
ist dieses Bemühen selbst nur wieder Tätigkeit.
Wie willst du je das Eine erfahren,
wenn du in die Zweiheit verstrickt bleibst?
Wer ins Eine nicht vordringt,
wird in keinem Bereich daheim sein.
Existenz zu verachten
heißt, Existenz zu verlieren.
Der Leerheit zu folgen
heißt, sich gegen die Leerheit wenden.
Je mehr Worte und Gedanken,
desto weiter entfernt von der Wirklichkeit.
Schneide Worte und Gedanken ab,
und Es durchdringt alles.
Kehrst du zur Wurzel zurück,
erfasst du die Wahrheit.

(aus dem SHINJIN-MEI)

7. Nichts

Heinrich Vogeler

Die Sterntaler

Es war einmal ein kleines Mädchen, dem war Vater und Mutter gestorben, und es war so arm, dass es kein Kämmerchen mehr hatte, darin zu wohnen, und kein Bettchen mehr hatte, darin zu schlafen, und endlich gar nichts mehr als die Kleider auf dem Leib und ein Stückchen Brot in der Hand, das ihm ein mitleidiges Herz geschenkt hatte. Es war aber gut und fromm. Und weil es so von aller Welt verlassen war, ging es im Vertrauen auf den lieben Gott hinaus ins Feld.

Da begegnete ihm ein armer Mann, der sprach: "Ach, gib mir etwas zu essen, ich bin so hungrig." Es reichte ihm das ganze Stückchen Brot und sagte: "Gott segne dir's," und ging weiter. Da kam ein Kind, das jammerte und sprach: "Es friert mich so an meinem Kopfe, schenk mir etwas, womit ich ihn bedecken kann." Da tat es seine Mütze ab und gab sie ihm. Und als es noch eine Weile gegangen war, kam wieder ein Kind und hatte kein Leibchen an und fror: da gab es ihm seins; und noch weiter, da bat eins um ein

Röcklein, das gab es auch von sich hin. Endlich gelangte es in einen Wald, und es war schon dunkel geworden, da kam noch eins und bat um ein Hemdlein, und das fromme Mädchen dachte: "Es ist dunkle Nacht, da sieht dich niemand, du kannst wohl dein Hemd weggeben," und zog das Hemd ab und gab es auch noch hin.

Und wie es so stand und gar nichts mehr hatte, fielen auf einmal die Sterne vom Himmel, und waren lauter blanke Taler; und ob es gleich sein Hemdlein weggegeben, so hatte es ein neues an, und das war vom allerfeinsten Linnen. Da sammelte es sich die Taler hinein und war reich für sein Lebtag.

Märchen der Brüder Grimm

Das Märchen liest sich wie eine Illustration der Seligpreisung Jesu “Selig seid ihr Armen, denn das Reich Gottes ist Euer“ (Lukas 6/20). Man könnte es aber genauso als eine Veranschaulichung dessen betrachten, was in der Mystik unter ‚Leere‘ verstanden wird.

Es kreist zunächst um das Thema Armut. Ein kleines Mädchen wird zur Waise und damit schon zum Inbegriff der Hilflosigkeit und Angewiesenheit. Es wird beschrieben, wie ihm die allernotwendigsten Dinge mangeln: die Wohnung und gar das Bett. Aber es besitzt neben seinen Kleidern und etwas Brot doch etwas, was es auszeichnet: Güte und Frömmigkeit. *Fromm* bedeutet ursprünglich nützlich, brauchbar, auf Menschen bezogen tapfer, tüchtig, rechtschaffen. Während wir heute unter einem frommem Menschen einen religiös Praktizierenden verstehen, zeigt das Märchen die Wurzel und den Kern dessen auf, worum es eigentlich geht. Und das in einer Schlichtheit, Verständlichkeit und Radikalität, die jeden berührt.

Nach dem Tod ihrer Eltern versinkt das Mädchen nicht in Depression und verharrt nicht im Elend. „Im Vertrauen auf den lieben Gott“ geht es hinaus auf‘s Feld. Dort trifft es noch weitere arme Menschen, die sie alle um etwas bitten. Aber sie wird auch gesegnet. Sein letztes Stück Brot hergeben, sein letztes Hemd, dazu ist – aus purem Selbsterhaltungstrieb - fast niemand in der Lage. Es tut es einfach. Bis dahin, dass es völlig nackt ist. Das ist das Äußerste, was überhaupt ein Mensch tun kann. Mutig und vertrauensselig geht das Mädchen bis dahin. Hier ist der Punkt des Märchens. Kein Mensch geht freiwillig dorthin, wo er nichts mehr hat. Es ist ein Vertrauen und eine Hingabe, die nur als Naivität und Dummheit oder religiös zu beschreiben ist: Gott ist die Liebe, und wer in der Liebe wohnt, der wohnt in Gott und Gott in ihm (1. Johannes 4,16b).

Das Märchen beschreibt keine Tatsachen: niemand, der sich nachts nackt aufs Feld stellt – und hätte er alles hergegeben, darf darauf hoffen, dass sich der Himmel für ihn öffnet. Aber es beschreibt eine Erfahrung, die viele Menschen gemacht haben: dass an dem äußersten Punkt der Angewiesenheit etwas gegeben wird. Dass völlige Hingabe nicht unbeantwortet bleibt. Dass ganzes Vertrauen ‚belohnt' wird. Dass der, der gibt, auch wieder nehmen wird.

Es handelt sich hier nicht um ein Gesetz, wie manche meinen, auch um kein geistliches oder universelles. Es ist nur das, dass einer in seiner Not sich nicht verschließt, sich nicht zurückzieht, nicht auf das Seine pocht und beharrt und in der Güte und Rechtschaffenheit bleibt, im Vertrauen und in der Liebe. Auch wenn er nachts auf dem Feld erfriert und keine Rettung vom Himmel kommt (mit dem Tod endet z.B. Andersen's Märchen vom Mädchen mit den Schwefelhölzern). Das ist das, was das Mädchen in kindlicher Einfalt auszeichnet und was es rettete.

„Und wie es so stand und gar nichts mehr hatte"- *da* geschah es. Hier steht nicht: und wie es den lieben Gott um neue Kleider gebeten hatte, ... – oder: und wie es sich weiter auf den Weg gemacht hatte, ... Es stand einfach da; es war nichts mehr, keine Erwartung, kein Hoffen, kein Flehen, kein Klagen, kein Selbstmitleid, kein Weg, keine Perspektive.

Die Mystiker beschreiben das gerne mit ‚Leere', die man nicht bewusst suchen, aber für die man sich durch Loslassen bereiten kann. Sie bezeugen am allerdeutlichsten die wundersame Wahrheit dieses Märchens. Deshalb hier zum Schluss ein paar Zitate des mittelalterlichen Mystikers Meister Eckhart (1260-1328):

Aller stillest stan und aller lerest ist da din allerbestez (Ganz still zu stehen und ganz leer, das ist dein Allerbestes).

Wer sich auch nur einen Augenblick lassen könnte, dem würde alles gegeben.

Genau so viel, wie du abgeschieden bist von allen Dingen, so viel besitzt du und nicht mehr. Hast du es aber auf das, was dir zuteil werden soll, abgesehen und schielst du danach, so wird dir nichts zuteil.

Solange lerne man sich lassen, bis man nichts Eigenes mehr behält. Alles Gestürm und aller Unfriede kommt allemal vom Eigenwillen, ob man's merkt oder nicht.

Man traut den Märchen in der Regel nicht so viel an Tiefe zu wie den religiösen Schriften. Dabei zeigen sie wie hier oft einen ganz klaren Weg: im Vertrauen und in der Güte zu sein und seinen Weg zu gehen. Mystische Abgeschiedenheit in der Meditation und im Gebet können *manche*. Fromm sein im Sinne dieses Märchens sollte niemandem ganz unmöglich sein.

8. Erlösung

Heinrich Vogeler

Die Alte im Wald

Es fuhr einmal ein armes Dienstmädchen mit seiner Herrschaft durch einen großen Wald, und als sie mitten darin waren, kamen Räuber aus dem Dickicht hervor und ermordeten, wen sie fanden. Da kamen alle miteinander um bis auf das Mädchen, das war in der Angst aus dem Wagen gesprungen und hatte sich hinter einem Baum verborgen. Wie die Räuber mit ihrer Beute fort warten, trat es herbei und sah das große Unglück. Da fing es an, bitterlich zu weinen und sagte:

"Was soll ich armes Mädchen nun anfangen, ich weiß mich nicht aus dem Walde herauszufinden; keine Menschenseele wohnt darin, so muss ich gewiss verhungern!" Es ging herum, suchte einen Weg, konnte aber keinen finden. Als es Abend war, setzte es sich unter einen Baum, befahl sich Gott und wollte da sitzen bleiben und nicht weggehen, möchte geschehen, was immer wollte. Als es aber eine Weile dagesessen hatte, kam ein weißes Täubchen zu ihm geflogen und hatte ein kleines goldenes Schlüsselchen im Schnabel. Das Schlüsselchen legte es ihm in die Hand und sprach: "Siehst du dort den großen Baum? Daran ist ein kleines Schloss, das schließ' mit dem Schlüsselchen auf, so wirst du Speise genug finden und keinen Hunger mehr leiden." Da ging es zu dem Baum und schloss ihn auf und fand Milch in einem kleinen Schüsselchen und Weißbrot zum Einbrocken dabei, dass es sich satt essen konnte. Als es satt war, sprach es: "Jetzt ist es um die Zeit, wo die Hühner daheim auffliegen, ich bin so müde, könnt' ich mich doch auch in mein Bett legen." Da kam das Täubchen wieder geflogen und brachte ein anderes goldenes Schlüsselchen im Schnabel und sagte: " Schließ' dort den Baum auf, so wirst du ein Bett finden." Da schloss es auf und fand ein schönes, weiches Bettchen; da betete es zum lieben Gott, er möge es behüten in der Nacht, legte sich und schlief ein. Am Morgen kam das Täubchen zum dritten Mal, brachte wieder ein Schlüsselchen und sprach: "Schließ' dort den Baum auf, da wirst du Kleider finden", und wie es aufschloss, fand es Kleider mit Gold und Edelsteinen besetzt, so herrlich, wie sie keine Königstochter hat. Also lebte es da eine Zeitlang, und das Täubchen kam alle Tage und sorgte für alles, was es bedurfte, und das war ein stilles gutes Leben.

Einmal aber kam das Täubchen und sprach: "Willst du mir etwas zuliebe tun?" - "Von Herzen gern", sagte das Mädchen. Da sprach das Täubchen: "Ich will dich zu einem kleinen Häuschen führen, da geh hinein, mittendrin am Herd wird eine alte Frau sitzen und ,Guten Tag' sagen. Aber gib ihr beileibe keine Antwort, sie mag anfangen was sie will, sondern geh' zu ihrer rechten Hand weiter; da ist eine Tür, die mach' auf, so wirst du in eine Stube kommen, wo eine Menge von Ringen allerlei Art auf dem Tische liegt; darunter sind prächtige mit glitzernden Steinen, die lass' aber liegen und suche einen schlichten heraus, der auch darunter sein muss, und bring ihn zu mir her, so geschwind du kannst." Das Mädchen ging zu dem Häuschen und trat zu der Tür ein. Da saß eine Alte, die machte große Augen, wie sie es erblickte, und sprach: "Guten Tag, mein Kind!" Es gab ihr aber keine Antwort und ging auf die Tür zu. "Wo hinaus?" rief sie und fasste es beim Rock und wollte es festhalten "Das ist mein Haus, da darf niemand herein, wenn ich's nicht haben will." Aber das Mädchen schwieg still, machte sich von ihr los und ging gerade in die Stube hinein. Da lag nun auf dem Tisch eine übergroße Menge von Ringen, die glitzerten und glimmerten ihm vor den Augen; es warf sie herum und suchte nach dem schlichten, konnte ihn aber nicht finden. Wie es so suchte, sah es die Alte, wie sie daherschlich und einen Vogelkäfig in der Hand hatte und damit fort wollte. Da ging es auf sie zu und nahm ihr den Käfig aus der Hand, und wie es ihn aufhob und hineinsah, saß ein Vogel darin, der hatte den schlichten Ring im Schnabel. Da nahm es den Ring und lief ganz froh damit zum Hause hinaus und dachte, das weiße Täubchen würde kommen und den Ring holen, aber es kam nicht. Da lehnte es sich an einen Baum und wollte auf das Täubchen warten, und wie es so stand, da war es, als würde der Baum weich und biegsam und senkte seine Zweige herab. Und auf einmal schlangen sich die Zweige um es herum, und waren zwei Arme, und wie es sich umsah, war der Baum ein schöner Mann, der es umfasste und herzlich küsste und sagte: "Du hast mich erlöst und aus der Gewalt der Alten befreit, die eine böse Hexe ist. Sie hatte mich in einen Baum verwandelt, und alle Tage ein paar Stunden war ich eine weiße Taube, und solange sie den Ring besaß, konnte ich meine menschliche Gestalt nicht wieder erhalten." Da waren auch seine Bedienten und Pferde von dem Zauber frei, der sie auch in Bäume verwandelt hatte, und standen neben ihm.

Nun fuhren sie fort in sein Reich, denn er war eines Königs Sohn, und sie heirateten sich und lebten glücklich.

Märchen der Brüder Grimm

‚Erlösung' ist ein Thema in vielen Märchen (König Lindwurm, dän. Märchen, Die weiße Taube, Der Froschkönig Br. Grimm, Die Zottelhaube norweg. Märchen u.a.m.). Es ist auch *ein*, wenn nicht *das* zentrale Thema aller Religion. Die Märchen sprechen hier auf der magischen Ebene, aber sehr konkret: eine Verhexung, ein Bann muss gebrochen werden, damit ein Mensch wieder in seine natürliche Gestalt zurückfindet. In unserer Sprache: wo wir uns zu sehr von uns selbst entfernt haben, müssen wir einen Rückweg beschreiten, zurück zu einem natürlich(er)en Leben. Dass dabei tatsächlich oft ‚ein Bann gebrochen' werden muss, ist die tiefe Wahrheit der Märchen.

Das Märchen gibt uns als Ausgangssituation ein großes Unglück und ein armes Dienstmädcnen, das nach dem Überfall allein im Walde zurechtkommen muss. Es setzt sich unter einen Baum und es befiehlt sich Gott an. Das ist schon eine wesentliche Geste: nicht zu verzweifeln, sich nicht immer tiefer im Wald zu verirren, sondern sich an seiner Grenze zu ergeben und sich anzubefehlen.

Während *wir* nun als Leser und Hörer gespannt sind auf das weitere Schicksal des Mädchens, wartet im Hintergrund ein ganz anderer auf seine *Erlösung*. *Er* braucht jemanden – und das Mädchen, das eigentlich selbst Hilfe braucht, wird seine Rettung werden.

Er kommt zu ihr in verborgener Gestalt und hilft ihr zu überleben, gut zu überleben. Das alles wir in einer wundersamen Naturhaftigkeit und Symbolik erzählt. Dann aber kommt ein entscheidender Punkt: als *er* sie eines Tages um etwas bittet, geht auch sie *‚von Herzen gern‘* darauf sein. Sie verfällt nicht der Bequemlichkeit oder dem Egoismus, was Erlösung unmöglich machen würde. Sie führt gewissenhaft aus, was er ihr aufträgt. Sehr geradlinig geht sie auf das zu, was ihr geraten wurde.

Seine Tiefe öffnet das Märchen in der Tatsache, dass all die prachtvollen glänzenden Ringe, die die alte Frau besitzt, ihn nicht zu erlösen vermögen. Nur der ‚schlichte‘ vermag es. Warum? Das zu erahnen ist dem Leser überlassen. (Auch dieses Motiv der bescheidenen und doch letztlich besseren Wahl erscheint immer wieder in den Märchen, z.B im Schweizer Märchen ‚Goldig Betheli und Harzebabi‘).

Was darüber hinaus zur Betrachtung einlädt, ist die Gestalt der Alten. Das, was ‚uns‘ verhext, ist wohl auch das, was uns von einem natürlichen Leben abhält. Für das, was die Religion ‚Sünde‘ nennt, die östliche Philosophie ‚Karma‘, die Soziologie gesellschaftliche Abhängigkeiten usf., gibt das Märchen zwei Hinweise: die glitzernden Steine und das Bannen (Festhaltenwollen) des schönen Königssohnes und seines Gefolges. Damit kann ein leiblicher Sohn gemeint sein oder überhaupt eine schöne und hohe Gestalt. Dies ist alles unschwer in unsere moderne Welt zu übersetzen. Die Gefahren der Verführung des Reichtums, der Besitzgier und Verblendung sind allgegenwärtig. Nicht dass Pracht und Reichtum in irgendeiner Weise schlecht wären, aber sie hindern uns an dem Einklang mit dem großen Reichtum einer einfachen und natürlichen Lebensweise, an dem Gewähren-lassen dessen, was ist und wird.

Schauen wir daraufhin in eine mystische Tradition wie den Zen-Buddhismus, finden wir da sehr betont, (schon in der Form), wie es auf *das Einfache* ankommt - und auf das Direkte. Eine kleine Geschichte mag dies illustrieren:

Eine Nonne fragte: Meister, willst du mich die unaussprechliche Wahrheit lehren?‘ Joshu tadelte sie: ‚He! Der Kessel brennt an!‘

Die Nonne gab Wasser in den Kessel und sagte: ‚Meister, bitte antworte.‘ Joshu lachte.

Jemand fragt: was ist Natürlichkeit? Joshu erwiderte: ‚Das ist schon unnatürlich‘.

„Die Pracht des Schlichten“ (Martin Heidegger)

Die Zen-Geschichten zeigen oft unmittelbar, dass das erleuchtete Leben nichts anderes ist als das natürliche Leben. Es braucht nie mehr, als dass wir den jeweiligen Umständen entsprechen. Aber es braucht trotzdem einen Weg, dass man es auch sicher erkennt und weiß. Solange man noch wie ein kleines Schifflein auf dem Meer hin und her wankt, wird alles immer wieder fraglich und unsicher.

9. Was von uns gefordert ist

Erich Kuithan, Frau Holle

Frau Holle

Eine Witwe hatte zwei Töchter, davon war die eine schön und fleißig, und die andere hässlich und faul. Sie hatte aber die hässliche und faule, weil sie ihre rechte Tochter war, viel lieber, und die andere musste alle Arbeit tun und der Aschenputtel im Hause sein. Das arme Mädchen musste sich täglich auf die große Straße bei einem Brunnen setzen, und musste so viel spinnen, dass ihm das Blut aus den Fingern sprang.

Nun trug es sich zu, dass die Spule einmal ganz blutig war, da bückte es sich damit in den Brunnen und wollte sie abwaschen; sie sprang ihm aber aus der Hand und fiel hinab. Es weinte, lief zur Stiefmutter und erzählte ihr das Unglück. Sie schalt es aber so heftig und war so unbarmherzig, dass sie sprach "hast du die Spule hinunterfallen lassen, so hol sie auch wieder herauf."

Da ging das Mädchen zu dem Brunnen zurück und wusste nicht, was es anfangen sollte: und in seiner Herzensangst sprang es in den Brunnen hinein, um die Spule zu holen. Es verlor die Besinnung, und als es erwachte und wieder zu sich selber kam, war es auf einer schönen Wiese, wo die Sonne schien und viel tausend Blumen standen. Auf dieser Wiese ging es fort und kam zu einem Backofen, der war voller Brot; das Brot aber rief:

"Ach, zieh mich raus, zieh mich raus, sonst verbrenn ich - ich bin schon längst ausgebacken."

Da trat es herzu, und holte mit dem Brotschieber alles nacheinander heraus. Danach ging es weiter und kam zu einem Baum, der hing voll Äpfel und rief ihm zu:

"Ach schüttel mich, schüttel mich, wir Äpfel sind alle miteinander reif."

Da schüttelte es den Baum, dass die Äpfel fielen, als regneten sie, und schüttelte, bis keiner mehr oben war; und als es alle in einen Haufen zusammengelegt hatte, ging es wieder weiter.

Endlich kam es zu einem kleinen Haus, daraus guckte eine alte Frau, weil sie aber so große

Zähne hatte, ward ihm Angst, und es wollte fortlaufen. Die alte Frau aber rief ihm nach: "Was fürchtest du dich, liebes Kind? Bleib bei mir, wenn du alle Arbeit im Hause ordentlich tun willst, so soll dir's gut gehn. Du musst nur acht geben, dass du mein Bett gut machst und es fleißig aufschüttelst, dass die Federn fliegen, dann schneit es in der Welt; ich bin die Frau Holle."

Weil die Alte ihm so gut zusprach, so fasste sich das Mädchen ein Herz, willigte ein und begab sich in ihren Dienst. Es besorgte auch alles nach ihrer Zufriedenheit, und schüttelte ihr das Bett immer gewaltig auf, dass die Federn wie Schneeflocken umherflogen; dafür hatte es auch ein gut Leben bei ihr, kein böses Wort, und alle Tage Gesottenes und Gebratenes.

Nun war es eine Zeitlang bei der Frau Holle, da ward es traurig und wusste anfangs selbst nicht, was ihm fehlte, endlich merkte es, dass es Heimweh war; ob es ihm hier gleich viel tausendmal besser ging als zu Hause, so hatte es doch Verlangen dahin. Endlich sagte es zu ihr:

"Ich habe den Jammer nach Haus kriegt, und wenn es mir auch noch so gut hier unten geht, so kann ich doch nicht länger bleiben, ich muss wieder hinauf zu den Meinigen."

Die Frau Holle sagte: "Es gefällt mir, dass du wieder nach Hause verlangst, und weil du nur so treu gedient hast, so will ich dich selbst wieder hinaufbringen."

Sie nahm es darauf bei der Hand und führte es vor ein großes Tor. Das Tor ward aufgetan, und wie das Mädchen gerade darunter stand, fiel ein gewaltiger Goldregen, und alles Gold blieb an ihm hängen. so dass es über und über davon bedeckt war. "Das sollst du haben, weil du so fleißig gewesen bist", sprach die Frau Holle und gab ihm auch die Spule wieder, die ihm in den Brunnen gefallen war. Darauf ward das Tor verschlossen, und das Mädchen befand sich oben auf der Welt, nicht weit von seiner Mutter Haus; und als es in den Hof kam, saß der Hahn auf dem Brunnen und rief:

"Kikeriki,
Unsere goldene Jungfrau ist wieder hie."

Da ging es hinein zu seiner Mutter, und weil es so mit Gold bedeckt ankam, ward es von ihr und der Schwester gut aufgenommen.

Das Mädchen erzählte alles, was ihm begegnet war, und als die Mutter hörte, wie es zu dem großen Reichtum gekommen war, wollte sie der andern hässlichen und faulen Tochter gerne dasselbe Glück verschaffen. Sie musste sich an den Brunnen setzen und spinnen; und damit ihre Spule blutig ward, stach sie sich in die Finger und stieß sich die Hand in die Dornhecke. Dann warf sie die Spule in den Brunnen und sprang selber hinein. Sie kam, wie die andere, auf die schöne Wiese und ging auf demselben Pfad weiter. Als sie zu dem Backofen gelangte, schrie das Brot wieder:

"Ach zieh mich raus, zieh mich raus, sonst verbrenn ich, ich bin schon längst ausgebacken."

Die Faule aber antwortete: "Da hätt ich Lust, mich schmutzig zu machen", und ging fort. Bald kam sie zu dem Apfelbaum, der rief:

"Ach schüttel mich, schüttel mich, wir Äpfel sind alle miteinander reif."

Sie antwortete aber: "Du kommst mir recht, es könnte nur einer auf den Kopf fallen", und ging damit weiter. Als sie vor der Frau Holle Haus kam, fürchtete sie sich nicht, weil sie von ihren großen Zähnen schon gehört hatte, und verdingte sich gleich zu ihr.

Am ersten Tag tat sie sich Gewalt an, war fleißig und folgte der Frau Holle, wenn sie ihr etwas sagte, denn sie dachte an das viele Gold, das sie ihr schenken würde; am zweiten Tag aber fing sie schon zu faulenzen an, am dritten noch mehr, da wollte sie morgens gar nicht aufstehen. Sie machte auch der Frau Holle das Bett nicht, wie sich's gebührte, und schüttelte es nicht, dass die Federn aufflogen. Das ward die Frau Holle bald müde und sagte ihr den Dienst auf.' Die Faule war das wohl zufrieden und meinte, nun würde der Goldregen kommen; die Frau Holle führte sie auch zu dem Tor, als sie aber darunter stand, ward statt des Goldes ein großer Kessel voll Pech ausgeschüttet. "Das ist zur Belohnung deiner Dienste", sagte die Frau Holle und schloss das Tor zu.

Da kam die Faule heim, aber sie war ganz mit Pech bedeckt, und der Hahn auf dem Brunnen, als er sie sah, rief:

"Kikeriki,
Unsere schmutzige Jungfrau ist wieder hie."

Das Pech aber blieb fest an ihr hängen und wollte, solange sie lebte, nicht abgehen.

Märchen der Brüder Grimm

Der Boden, den uns dieses Märchen bereitet, ist eine unglaubliche Strenge und eine fatale Ungerechtigkeit - verkörpert durch die Stiefmutter. Liebesentzug, ungerechte Behandlung, Schikaniert-werden auf der einen Seite – Bevorzugung auf der anderen. Das ist die Ausgangslage.

Der Stieftochter auf der Schattenseite des Lebens fordert es alles ab, *sie* muss bluten. Und dann geschieht auch noch das Unglück. Die Spule, die so wichtig ist, geht verloren.

Wo alles verloren scheint, öffnet sich dennoch ein Weg: in die Tiefe. Aber dazu muss sie in den Brunnen ‚springen'. Das beinhaltet, dass man alle Sicherheiten fahren lässt. Es kann sein, dass man nie wieder zurückkommt. Das kann sie nur, weil nichts anderes mehr möglich ist - sie *tut* es ‚in Herzensangst'. Sie *muss* es wagen, absolut wagen. Kurzzeitig verlor sie das Bewusstsein. Sie sammelt sich neu und muss sich orientieren. Alles ist nun verändert. Die Welt, die eben noch unerträglich war, ist plötzlich blühende Wiese und voller Sonnenschein. Sie ist ein einer anderen Welt (‚Anderswelt') gelandet – oder ist sie überhaupt erst in der Realität (auf einer tieferen Ebene) angekommen? Sie macht sich auf den Weg und findet nicht ihre Spule, sondern Aufgaben. Die Dinge sprechen zu ihr. Sie wollen erledigt und getan sein. Arbeiten musste sie ihr Leben lang. In einer ständigen Überforderung. Sie könnte jetzt trotzig reagieren und eine Erholungspause einklagen, aber sie erfüllt diese leichten Aufgaben, eine um die andere.

Es ist gar nicht so schwer. Der Druck, das Unerträgliche kam von der Stiefmutter, von einem Menschen, nicht von der Natur, nicht vom Leben. Was in Wirklichkeit gefordert ist, ist oft etwas anderes – und meist barmherziger.

Die Tochter denkt nicht groß nach, sie tut einfach, was von ihr verlangt oder erbeten wird. Es sind alles die gewöhnlichen Dinge des Lebens. Brot aus dem Ofen holen, die Äpfel ernten, das Bett machen. *Da* zeigt es sich, dass sie auf dem Weg des Lebens ist. Es wird nicht gezaudert, hin- und herüberlegt – was an der Zeit ist, wird einfach und direkt getan. Und es wird komplett getan! Es bleiben keine Reste.

Mehr ist nie von uns gefordert! In diesem direkten Antworten liegt der Schlüssel des Märchens. Und seine Weisheit. Und alles, was wir an Erfolg, Lohn und Glück je erstrebt haben oder erstreben. Selbst die verlorene Spule wird letztlich wiederbracht.

Die Alternative, das Gegenstück sehen wir an der leiblichen Tochter. Dass sie bevorzugt wurde, hilft ihr im Leben – auf einer tieferen Ebene - nicht. Eher im Gegenteil. Sie, die angesichts der normalen Aufgaben Bedenklichkeiten anbringt, Furcht zeigt und träge wird, offenbart ihre Schwäche. Sie erntet nichts, sie wird auch nicht geheilt – im Gegenteil. Sie hat letztlich nur ‚Pech'.

Besonders ist in dem Märchen die Begegnung mit der alten Frau, die so große Zähne hat. Da fürchtet sich auch die Stieftochter. Doch diese Frau ist gut zu ihr – und sie fasst Vertrauen. Sie bekommt nun eine leichte, aber doch sehr große Aufgabe: das Bett am Morgen aufzuschütteln, was keine große Sache ist. Aber dadurch geht die Natur ihren Gang und es geschieht, was geschehen muss. Dadurch, dass die einfachen Dinge treu erledigt werden, wird sie in den Kreis der Natur machtvoll einbezogen. Sie schüttelt das Bett – und es schneit auf Erden. So ist es nicht verwunderlich, dass Frau Holle sehr wahrscheinlich die alte Erd-und Muttergöttin Hulda ist, die einem ‚hold' ist, wenn alles seinen Lauf nimmt, aber zum ‚Unhold' wird, falls der natürliche Fluss der Dinge gestört wird. Der Kessel mit Pech ergießt sich, wo der Mensch durch seine Begehrlichkeit und doch letztlich Trägheit so sehr seine natürlichen Pflichten vernachlässigt, dass er zu nichts zu gebrauchen ist.

Das Leben, das oft so grausam scheint und gnadenlos ‚zubeißt', ist in der Regel doch noch barmherziger als unsere menschlichen Abhängigkeiten und Befangenheiten, in denen tagaus tagein so viel Unrecht angetan wird.

Der Weg in die Tiefe ist in der Mystik direkt erfahrbar. Der Weg nach innen, der Weg der Meditation ist ein Weg des Loslassens, des Sich-Einlassens, der Erfahrung dessen, was in der Tiefe auf uns wartet. Auch er ist nicht ohne Angst, nicht ohne Opfer und Verzicht und wird selten aus freien Stücken heraus gewählt. Meist ist es das Leid und die Not, die uns dazu bringen, uns nach innen zu wenden, uns zu versenken, um bisweilen eine unglaubliche Freiheit, Frieden und Schönheit zu erfahren. Der dann nötige Rückweg in den Alltag ist auch nicht ganz leicht, aber unumgänglich. Im Zen-Gleichnis ‚Der Ochs und sein Hirte' wird das poetisch und bildhaft eindrücklich geschildert, wie der Hirte am Ende der Suche und der Transformation wieder auf den Markt zurückkehrt:

„Mit entblößter Brust und nackten Füßen kommt er herein auf den Markt.

Seine Wangen überströmt von mächtigem Lachen. Ohne Geheimnis und Wunder zu mühen, lässt er jäh die Bäume erblühen“ (10. Bild).

Den Hinweg beschreibt Johannes Tauler (1300-1361):

Suche nichts als ein reines, einfaches Entsinken
in das reine, einfache, unbekannte, namenlose,
verborgene Gut, das Gott ist,
und in alles, was sich in ihm enthüllen mag.
Alles soll sich an sein Nichts halten:
nichts wissen, nichts erkennen, nichts wollen,
nichts suchen, nichts haben wollen.

Suche weder Empfindung noch Erleuchtung!
Entsinke in dein Nicht-wissen
und Nicht-wissen wollen!

Nachwort

Rückblickend sehen wir, dass in den ausgewählten Märchen *die innere Haltung* den Ausschlag gab für Heil oder Unheil. Hier ist die erste tiefe Übereinstimmung zwischen Volksweisheit und Religion/Mystik. Der Sinn liegt nicht darin zu schildern, dass das immer oder meistens so ist, sondern den Hörer zu ermutigen, einen solchen Weg zu gehen: der Kommunikation, des Hörens und des Gehorsams, des (frohen) Mutes, der Geradlinigkeit, der Treue, der Dienstbereitschaft, des Lernens, des Geschickes, der Aufrichtigkeit, der Liebe – um nur einiges aus den erwähnten Erzählungen zu nennen.

Die zweite Gemeinsamkeit ist *die Bild- und Symbolsprache*, die hier wie dort gerne gewählt wird, weil man letzte Dinge besser andeutet und erzählt als begreift und einordnet. Dennoch sei nicht verschwiegen, dass Mystiker manchmal auch Philosophen waren (Meister Eckhart z.B.) und ihre eigene religiöse Tradition begrifflich geläutert, aber auch provoziert haben. Bisweilen führte es auch dazu, dass man, wie z.B. in der Zen-Tradition, mit Worten und Ritualen sparsam ist.

Was die Frage der Tiefe angeht, hängt das natürlich von den Geschichten ab - aber auch vom Zuhörer. Wie z.B. im Sufismus, aber auch in den Gleichnissen Jesu, werden von weisen und begnadeten Menschen gerne einfache Erzählungen verwendet, um die Zuhörer auf tiefere Zusammenhänge aufmerksam zu machen – nicht immer so, dass sie alles verstehen, aber so, dass sie etwas ahnen und sich auf etwas Neues ausrichten können. In diesem Sinne sind auch Märchen geeignet, uns auf Dinge zu stoßen, die sehr wahr sind, aber nicht unbedingt logisch erklärt werden wollen.

Das betrifft insbesondere *die Suche*, wie sie im ersten ausgewählten Märchen vom Wasser des Lebens dargestellt wird. Das ist nichts, was man sich vornehmen könnte. Aber man ahnt, dass es etwas Grundsätzliches ist, was unseren Weg als Menschen auf der Erde angeht.

Die Stärke der Märchen ist ihre verschlüsselte, aber sprachliche und erzählerische Direktheit. Wenn wir sie tief und mit offener Seele hören, ist es immer möglich, dass sie auch tief antworten.

Bernhard Wenig: Die in den Brunnen schauende Königstochter aus dem ‚Froschkönig'

Ein herzlicher Dank gilt Frau Heidi Christa Heim, die dieses Buch mit inspiriert und wohlwollend begleitet hat.